Faszination Heidelberg

Die Stationen unserer Zeitreise durch die Geschichte Heidelbergs führen von ersten menschlichen Spuren über geheimnisvolle Wege, vorbei an mittelalterlichen Fundamenten zu kostbaren Schätzen und historischen Glanzstücken, die nur darauf warten, von Ihnen entdeckt zu werden.

Vorwort

Schon Goethe, Victor Hugo, aber auch Mark Twain und die österreichische Kaiserin Sisi waren begeistert von Heidelberg, dieser florierenden Stadt mit ihrer einzigartigen Silhouette. Das beeindruckende Schloss, die barocken Fassaden der Häuser, der reizvolle Neckar, eingebettet in die Wälder der umliegenden Berge: All dies lässt die Herzen der Besucher höherschlagen.

Womöglich standen Sie selbst schon einmal vor der pittoresken Schlossruine oder auf der Alten Brücke. Sicher wissen Sie auch, dass in Heidelberg die älteste Universität Deutschlands gegründet wurde – heute zählt sie zu den 50 besten Hochschulen der Welt und hat die Entwicklung Heidelbergs zur Wissensstadt maßgeblich geprägt.

Doch Sie werden sehen, dass Heidelberg viele weitere Facetten hat. Der vorliegende Bildband „Faszination Heidelberg" nimmt Sie mit auf eine Zeitreise von der frühesten Vorzeit rund 600.000 Jahre vor Christus bis hin ins 21. Jahrhundert. Anhand von Folien führt er das Heute und das Damals vor Augen: mit gegenwärtigen Fotos und den darübergelegten historischen Illustrationen. Sie werden hinter viele berühmte Wahrzeichen blicken und dabei die versteckten Seiten Heidelbergs entdecken.

Fast zwölf Millionen Touristen im Jahr können sich nicht irren: Der besondere Reiz der kosmopolitischen Stadt wird vom Kontrast zwischen Geschichte und Gegenwart geprägt – zwischen der spürbaren Romantik einerseits sowie den Erfolgen und Auszeichnungen in Wissenschaft, Lehre, Wirtschaft und Medizin andererseits.

Heidelberg gilt als eine Stadt mit den besten Zukunftschancen. In vielen Bereichen steht sie an der Spitze: Eines der wichtigsten Wissenschaftszentren weltweit, Deutschlands Schulstandort Nummer 1, Kulturhochburg, Umwelt- und Nachhaltigkeitshauptstadt, weltoffene, tolerante Stadt der Vielfalt, Best Practice Beispiel für Familienfreundlichkeit.

Ich bin überzeugt, dass Sie Heidelberg nach der Lektüre dieses Buches noch mehr schätzen werden und wünsche Ihnen einen unvergesslichen Aufenthalt im abwechslungsreichen Heidelberg.

Prof. Dr. Eckart Würzner, Oberbürgermeister

Das Buch entstand Dank der freundlichen Unterstützung von:
Dr. Frieder Hepp, Direktor Kurpfälzisches Museum; Dr. Andreas Hensen und Dr. Annette Frese; Dr. Elisabeth Südkamp, Kunsthistorikerin; Dr. Michael Schwarz; Dr. Kristina Hoge, Kunsthistorikerin; Dr. Peter Blum, Heidelberger Stadtarchiv; Inge Hertwig und Susanne Kahlig, Gästeführerinnen; Armin Rausch.

Inhalt

Faszination Heidelberg: Stationen einer Zeitreise

600.000 v. Chr.	Homo heidelbergensis – ein Mensch hinterlässt Spuren	**6**
500 v. Chr.	Fürstensitz der Kelten mit zentraler Bedeutung für das untere Neckarland	**8**
50 n. Chr.	Entwicklung von Infrastruktur und Handwerk durch die Römer	**10**
506	Einführung des Christentums – erste Klöster auf dem Heiligenberg	**14**
765	Die ältesten Stadtteile des heutigen Heidelbergs enstehen	**22**
1196	Erste namentliche Erwähnung – die Anfänge Heidelbergs	**26**
1225	Heidelberg wird Herrschaftssitz – Beginn der Schloss- und Kurfürstenära	**28**
1386	Die älteste Universität Deutschlands – Gründung und Entwicklung	**32**
1400	Kurfürst Ruprecht III. – Ruprechtsbau und Heiliggeistkirche	**36**
1508	Befestigung und Sicherung der Stadt durch Ludwig V.	**40**
1518	Martin Luther und der *Heidelberger Katechismus*	**44**
1544	Einzug der Renaissance unter Friedrich II.	**46**
1556	Kurfürst Ottheinrich und die Verwandlung einer Burg in ein Schloss	**48**
1607	Die prunkvolle Ahnengalerie des Kurfürsten Friedrich IV.	**52**
1613	Die Hochzeit zwischen Friedrich V. und Elisabeth Stuart	**54**
1671	Liselotte von der Pfalz – eine strategische Vermählung mit Folgen	**66**
1701	Der Wiederaufbau der Stadt unter Kurfürst Johann Wilhelm	**72**
1716	Karl Philipp – Rekatholisierung und Ende der Residenzzeit	**74**
1743	Wirtschaftliche und kulturelle Blüte unter Kurfürst Karl Theodor	**78**

1810	Die Schlossruine als Anziehungspunkt für die Künstler der Romantik	**82**
1840	Beginn von Industrialisierung und Tourismus	**88**
1845	Der Studentenmythos	**92**
1848	Die *Heidelberger Versammlung* als Anfang der Demokratie	**94**
1903	Eine Stadthalle als Symbol des Wohlstands	**96**
1919	Ein Heidelberger wird erster Präsident der *Weimarer Republik*	**100**
1933	Von der Machtergreifung der NSDAP zur amerikanischen Besatzung	**104**
Heute	HEIDELBERG Internationale Wissenschafts- und Medizinstadt	**108**
	Stiftungen für medizinische Forschung und Einrichtungen	**110**
	Medizinische Forschung und Versorgung auf höchstem Niveau	**112**
	Heidelberg als Standort für internationale Forschung und Wissenschaft	**114**
	Spektakuläre Bauten geben High-Tech-Forschung passenden Raum	**116**
	Universität Heidelberg. Zukunft. Seit 1386.	**118**
	Bahnstadt – Heidelbergs innovativster Stadtteil	**120**
	Austragungsort für internationale Kongresse und Tagungen	**122**
		124
	Deutsche Tradition und chinesischer Forscherdrang	**126**
	Partnerstädte mit viel Geschichte und großen Visionen	**128**

600000 v. Chr.

Homo heidelbergensis – ein Mensch hinterlässt Spuren

Schon in frühester Vorzeit gab es erstes menschliches Leben in der Heidelberger Region. Dies ist belegt durch den sensationellen Fund eines **Unterkiefers,** dessen Alter auf 600.000 Jahre datiert wird.

Im Jahr 1907 wurde er durch den Tagelöhner Daniel Hartmann in der Grube des Ortes Mauer bei Heidelberg entdeckt, und ein Heidelberger Privatdozent, Otto Schoetensack, gab ihm dann den Namen, unter dem er heute nicht nur unter den Paläö-Anthropologen weltweiten Ruhm genießt: Homo heidelbergensis.

Als Vorgänger des Neandertalers ist der Homo heidelbergensis eines der frühesten Zeugnisse menschlichen Lebens in Mitteleuropa.

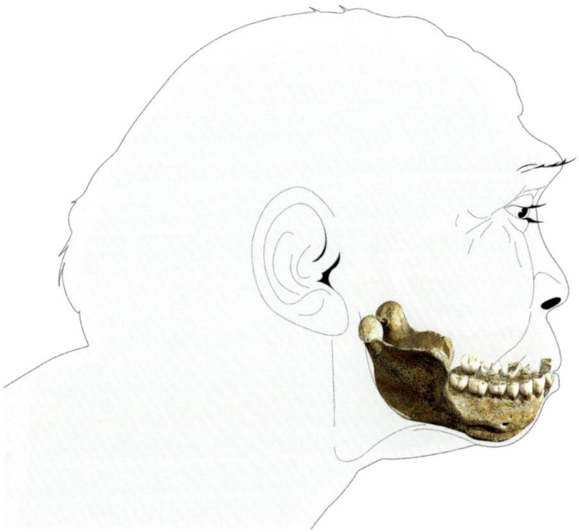

Im ca. 17 km entfernten Ort Mauer kann man im Museum des Rathauses die Urgeschichte nacherleben:
Museum im Rathaus in Mauer
werktags geöffnet
Heidelberger Straße 34
Telefon 06226 – 92200
www.homoheidelbergensis.de

*Eine Kopie des **Unterkiefers** gibt es in Heidelberg, im Kurpfälzischen Museum:*
***Kurpfälzisches Museum**[1]*
Hauptstraße 97
Telefon 06221 – 5834020
www.museum-heidelberg.de

Foto an der Fundstelle in der Sandgrube Grafenrain: Der Finder des Unterkiefers sitzt rechts neben dem Gedenkstein.

500 v. Chr.

Fürstensitz der KELTEN mit zentraler Bedeutung für das untere Neckarland

Auch die KELTEN wussten die strategisch gute Lage mit dem weiten Blick über Rhein- und Neckartal zu schätzen: Sie ließen sich um etwa 500 v. Chr. auf dem Gipfelgrat des **Heiligenbergs**[a] nieder. Später schützten sie ihre Einrichtungen mit zwei Ringwallsystemen. Der äußere Wall mit seinem Umfang von 3,1 km zählt zu den größten seiner Art in Mitteleuropa. Innerhalb dieser Ringwälle und auf den beiden Bergkuppen wurden über 400 terrassierte Plätze in den Hang eingegraben, die als Hüttenplätze dienten.

Zur Blütezeit war der Berg für etwa 3.000 Kelten eine Stadt, wahrscheinlich sogar ein Fürstensitz mit zentraler Bedeutung für das gesamte untere Neckarland. Die wirtschaftliche Grundlage der Siedlung bildete die Verhüttung und Verarbeitung von Eisen. Zur politischen und wirtschaftlichen kam eine zentrale kultische Stellung: Der Fund des **Keltenkopfs** von BERGHEIM gilt als Hinweis auf ein Fürstengrab, das dem Rang des Heiligenbergs entspricht.

Zeugnis keltischer Streitwagenfahrer: *Eiserne Beschlagteile von mindestens zwei Streitwagen sind zusammen mit anderen Gerätschaften Teil eines Fundes, der 1964 auf dem Heiligenberg ausgegraben wurde und zu den interessantesten Funden aus der Zeit der keltischen Höhensiedlung zählt.*

Oben: ***Der Keltenkopf von Bergheim.*** *Die wichtigsten Originalfundstücke aus der Keltenzeit sind im Kurpfälzischen Museum[1] ausgestellt:*

Kurpfälzisches Museum[1]
Hauptstraße 97
www.museum-heidelberg.de

Wanderrundgang Keltenweg: *Anfahrt B3 bis Heidelberg-Handschuhsheim. Von dort über ausgeschilderte Straßen zum Parkplatz zwischen den beiden Klöstern, wo der Keltenweg beginnt.*

Buchungsbüro „Natürlich Heidelberg“
Telefon 06221 – 5 82 83 33
www.natuerlich.heidelberg.de

50 n. Chr.

Entwicklung von Infrastruktur und Handwerk durch die Römer

Um die Mitte des ersten Jahrhunderts siedelten sich die Römer in HEIDELBERG an. Anstelle des provisorischen Holz-Erde-Lagers der ersten Soldaten entstand im Gebiet des heutigen Stadtteils **Neuenheim**[b] schon bald ein steinernes Kastell. Dieser rechtsrheinische Vorposten diente der Sicherung der ältesten Steinpfeilerbrücke HEIDELBERGS, die unter anderem den wichtigen Verkehrsweg nach MAINZ im Norden und STRASSBURG im Süden verband.

Die gute Infrastruktur zog auch mancherlei nichtmilitärisches Gewerbe an: In der Umgebung der Kaserne ließen sich Handwerker und Kaufleute nieder und in mehr als 70 Töpferöfen wurden hochwertige Tonwaren gebrannt, unter anderem auch *Terra Nigra*, das schwarze Geschirr der Römer.

Die römischen Bewohner verehrten zahlreiche Gottheiten: Aufstiegsorientierte Soldaten, freigelassene Sklaven und Gewerbetreibende huldigten besonders dem persischen Gott MITHRAS. Seine wichtigste Tat war die Tötung eines Stieres, aus dessen Blut neues Leben entstand. Der Kult wurde in so genannten *Mithräen* ausgeübt – Tempeln, die dem Gott MITHRAS geweiht waren. Zwei solcher *Mithräen* befanden sich in der Nähe des Kastells in HEIDELBERG. Auch der HEILIGENBERG war für die Römer, wie auch schon früher für die Kelten, ein heiliger Ort: In einem Tempel verehrten sie hier ihre Götter JUPITER und MERKUR.

Am Fuße des HEILIGENBERGS erstreckte sich ein großes Gräberfeld (Bild Seite 12/13), in dem die Römer ihre Toten mit Grabbeigaben, wie etwa Öllampen oder Gefäßen aus Glas und Ton, bestatteten. Mit etwa 1.400 Ruhestätten war es einer der besterhaltenen Friedhöfe der Römer in der Antike.

__Tönerne Öllampen__ sind eine häufige Grabbeigabe im großen Gräberfeld, das im heutigen __Neuenheimer Feld__[j] *liegt. Links ein __Relief des reitenden Lichtgottes Mithras__ vom Heiligenberg.*

Das __Mithrasrelief__ (Bild unten) mit der Stiertötung zierte im 2. Jahrhundert ein Heidelberger __Mithräum__ und ist nun in der archäologischen Abteilung des Kurpfälzischen Museums ausgestellt, zusammen mit einem Modell der __Steinbrücke__ und zahlreichen Funden aus der Römerzeit.

Kurpfälzisches Museum[1]
Hauptstraße 97
www.museum-heidelberg.de

506

Einführung des Christentums – erste Klöster auf dem HEILIGENBERG

Die ALEMANNEN durchbrachen um 233 den Limes und drangen bis in das römische Territorium bei HEIDELBERG vor. Nach einer Vielzahl von Überfällen, bei denen auch die Steinbrücke zerstört wurde, zogen sich die RÖMER um 260 aus der Region zurück. Doch auch die ALEMANNEN wurden besiegt: Der fränkische König CHLODWIG bezwang sie im Jahre 496, konvertierte aus Dank für den Sieg selbst zum Christentum und besiegte sie 506 endgültig. Die Taufe CHLODWIGS war der Auftakt für die sukzessive Christianisierung des gesamten *Fränkischen Reichs*.

König Chlodwig
(466; † 27. 11. 511 bei Paris), aus dem Hause der Merowinger, gilt heute als der Regent, der mit seiner Herrschaft über das Frankenreich dessen Machtstellung begründete und Paris zu seiner Hauptstadt machte.*

Eine erste Kirche auf dem HEILIGENBERG enstand 870 unter ABT THIOTROCH im Auftrag des Klosters LORSCH auf den Fundamenten eines antiken römischen Tempels. Erst im Jahr 1029 ließ ABT REGINBALD, später Bischof von Speyer, das **Kloster St. Michael**[c] unter Verwendung karolingischer Bauteile erschaffen (Foto links und nächste Seite rechts). Im Jahre 1070 wurde in der Ostkrypta der Abt FRIEDRICH VON HIRSAU beigesetzt. An seinem Grab sollen sich Wunder ereignet haben, was den HEILIGENBERG im 11./12. Jahrhundert zu einem beliebten Wallfahrtsort werden ließ.
1503 wurden die drei letzten Mönche des Kloster in ihren Betten vom einstürzenden Vierungsturm der Kirche erschlagen. Danach wurde das Kloster aufgelöst und fiel in Vergessenheit. Aus dem Jahr 1589 gibt es einen Beschluss des Senats der Universität Heidelberg, das Kloster abzureißen, um die Steine zu verkaufen.

Stephanskloster[d]
*Auf dem Gelände des Stephansklosters gibt es einen **Aussichtsturm** aus dem Jahr 1885, von dem man einen herrlichen Fernblick auf das Schloss hat.*

Nur wenige hundert Meter entfernt bergabwärts entstand 1090 ein weiteres Kloster auf dem HEILIGENBERG, das **Stephanskloster**[d]. Es wurde unter Duldung des Klostervorstandes von ST. MICHAEL gegründet und beherbergte die nächsten Jahrhunderte einen Benediktinerorden.

Das geheimnisvolle Heidenloch

Mysteriös ist das **Heidenloch**[e], ein über fünfzig Meter tiefer vorgeschichtlicher Schacht mit einem Durchmesser zwischen drei und vier Metern. Die Quader des Mantels zeigten eine Steinmetztechnik, die mit den Arbeiten an der Ostseite des Speyerer Doms übereinstimmen. Vermutlich hat man lombardische Steinmetze aus SPEYER angeworben, um den Schacht zu bauen. Dadurch wurde eine Datierung auf etwa 1100 n. Chr. möglich.

Bei den Ausgrabungen wurden zunächst behauene Steine und Teile von Säulen gefunden, daneben eine Reihe metallener Gebrauchsgegenstände, die vom Kloster stammten. Diese Funde enden in einer Tiefe von 26 Metern. Darunter fand man nur Steine und Geröll, ein Hinweis darauf, dass diese Auffüllung aus der Zeit vor Aufgabe des Klosters stammen muss. Erst in 52 Metern Tiefe stieß man auf eine abschließende Bodenplatte. Als man diese hob, zeigte sich darunter eine zweite Sohle, die aus vermutlich römischen Ziegellagen bestand, was die RÖMER als die Erbauer des Schachts vermuten lässt.

Bis heute ist nicht erwiesen, ob es sich um einen Opferschacht, eine Art Wasserversorgung oder einen Geheimgang handelte.

Der Geograph MATTHIS QUAD beschreibt das *Heidenloch* kurz nach 1600 als Brunnen und erzählte folgende Geschichte:

» Es war zu meiner Zeit so voll Holz und Steine von den Ruinen der Kirche, dass die Sicht nicht tiefer ging wie bemerkt. Es pflegten die Buben in der Schule oft zu fabulieren, wie einmal eine weiße Gans oben zum Loch hineingeworfen und dieselbe unten am Neckar wieder herausgekommen und ganz schwarz gewesen sei. «

St. Michaelskloster**[c] **(rechte Seite)
Zunächst nur eine kleine Kirche, wurde es bis ins 11. Jahrhundert hinein zu einem monumentalen Komplex um- und ausgebaut, von dem heute noch die Ruinen zu sehen sind. Zwei begehbare Türme lassen bei gutem Wetter eine Sicht bis in die Pfälzer Berge auf der anderen Seite der Rheinebene zu.

***Heiligenberg Tour**[22]**:** (ca. 50 Minuten) Fußmarsch über Albert-Überle Straße bei der Neuenheimer Landstraße / Philosophenweg / Gärtchen / Philosophenturm / Bismarckturm / dann den Wanderwegen folgen Richtung Heiligenberg. Sie erreichen den Parkplatz Nähe **Stephanskloster**[d] mit **Aussichtsturm** mit Blick auf das **Schloss**[4] und dem **Heidenloch**[e] (mit einem Schutzbau außen, einem Lichtschalter zum Beleuchten des Schachtes innen).*

Stift Neuburg

1130 entstand das **Stift Neuburg**[f], dessen geistliche Grundlage des klösterlichen Lebens die *Regel des heiligen Benedikt* bildete. 1195 wurde es in ein Frauenkloster umgewandelt, 1562 dann offiziell ganz aufgehoben. 1671 wurde es ein *Jungfern Stift für tugendhafte Frauenzimmer.*

Zur Zeit der *Romantik*, besonders ab 1825 unter Besitz von Johann Friedrich Heinrich Schlosser, einem Schwiegerneffen und Freund Goethes, verkehrten dort Künstler wie Carl Maria von Weber und Clemens Brentano. Im 19. Jahrhundert war es eine der ersten Goethe-Gedenkstätten.

Nach dem Tode Schlossers ging Stift Neuburg an die Familie der Freiherren von Bernus, in deren Besitz es bis 1926 verblieb und noch einmal Anziehungspunkt für bedeutende Persönlichkeiten wurde: Stefan George, Wilhelm Trübner, Rudolf Steiner.

Erst 1927 kehrte das geistliche Leben offiziell in die alten Mauern zurück und bis heute beherbergt das Stift Mönche, die wie einst nach der *Regel des heiligen Benedikt* leben.

*Im Gästehaus des **Stift Neuburg**[f] sind Männer, die sich vom Trubel des Alltags ein paar Tage zurückziehen möchten oder das klösterliche Leben näher kennen lernen möchten, stets willkommen.*

Das Kloster liegt an der Grenze zum Stadtteil Ziegelhausen, in einer zauberhaften Landschaft, die zu ausgedehnten Spaziergängen im nahe gelegenen Wald einlädt.
*Klostergärten sind Oasen der Ruhe und Besinnung. Die **Gärtnerei** der Abtei setzt den Ruf der Mönche als versierte Botaniker und als Kenner von Heilpflanzen und Kräutern fort.*

Stiftweg 2
Telefon 06221 – 895-0
www.stift-neuburg.de

Ehemaliger Abt Franziskus Heereman:

» Neuburg mit seiner fast 900-jährigen Geschichte, seinem landschaftlichen Charme und seinem spirituellen Reichtum ist ein Schatz, den wir gern mit vielen Menschen teilen; und wir erfahren schon jetzt, dass dieses Teilen uns nicht ärmer macht, sondern reicher. «

765

Die ältesten Stadtteile des heutigen HEIDELBERGS entstehen

Viele der heutigen Stadtteile HEIDELBERGS gehen auf Dörfer aus der Frankenzeit im 6. Jahrhundert zurück, erste urkundliche Erwähnungen findet man im 8. Jahrhundert im *Lorscher Kodex* – NEUENHEIM und HANDSCHUHSHEIM im Jahr 765, ROHRBACH 766, WIEBLINGEN 767 und BERGHEIM im Jahr 769.

Die Gemeinde **Handschuhsheim**[g] liegt am Fuße des HEILIGENBERGS, wo der fruchtbare Boden und die sonnigen Hänge eine reiche Garten- und Weinbauwirtschaft begünstigten. Die romanische Kirche **St. Vitus** ist die älteste Kirche des heutigen HEIDELBERG. Ein Freskenzyklus an Ost- und Westwand, datiert um 1400, zeigt die Lebens- und Leidensgeschichte Christi. ST. VITUS war die Grablege der Herren von Handschuhsheim bis zu deren Aussterben im Jahr 1600. Die ursprüngliche Kapelle zu Ehren des Heiligen NAZARIUS wurde bereits 774 genannt. Im 13. Jahrhundert erhielt das Dorf einen neuen Mittelpunkt mit der Erbauung der **Tiefburg** (Foto links). Diese Wasserburg mit quadratischem Grundriss war Sitz des Geschlechts der Herren von HANDSCHUHSHEIM.

Neuenheim[b] liegt südlich von HANDSCHUHSHEIM am Nordufer des Neckars. Neben Bauern- und Winzerwirtschaft wurde hier auch Fischerei betrieben. Der Name geht wahrscheinlich auf die Besiedlung durch die Römer zurück, auf deren CASTRUM NOVUM *(castrum = befestigter Platz, novum = neu)*, welches hier viele Jahrhunderte zuvor die Brücke schützte.

*Wappen des Handschuhsheimer Stadtteilvereins ©. In **Handschuhsheim**[g] sollte man unbedingt in die gemütlichen Bier- und Weingärten einkehren.*

__Neuenheim__[b] steht für herrschaftliche Villen, edle Geschäfte und Galerien, einen kleinen lebhaften Marktplatz mit Wochenmarkt mittwochs und samstags. Alljährlich findet am ersten September-Wochenende auf dem Marktplatz das zweitägige FISCHERFEST statt, welches kulinarische Köstlichkeiten, einen Flohmarkt und musikalische Unterhaltung bietet.

1196

Erste namentliche Erwähnung – die Anfänge Heidelbergs

Erstmals wurde der Name Heidelberch in einer Urkunde des Klosters Schönau aus dem Jahr 1196 erwähnt. Dabei handelte es sich noch nicht um die eigentliche Stadt Heidelberg, sondern um eine Burg des Bistums Worms am Nordhang des Königstuhls und einen Burgweiler am Fuße des Berges. Dieser Weiler gruppierte sich um St. Peter, einem Vorgänger der **Peterskirche**[2], dem ältesten Gotteshaus der heutigen Heidelberger Altstadt.

Die Grenzen der Altstadt zu jener Zeit bildeten im Osten die Planken- und im Westen die Grabengasse, die seit 1235 durch eine Stadtmauer geschützt waren. Teil der westlichen Befestigungsanlage war auch ein mittelalterlicher Wehrturm, der wegen seiner Funktion als Gefängnis für als Hexen diffamierte Frauen den Namen **Hexenturm**[3] (Foto links) trägt.

Mit dem Aufblühen der Universität wurde eine Erweiterung der Stadt unausweichlich, so dass Kurfürst Ruprecht II. im Jahre 1390 die Stadtgrenze talauswärts bis zum heutigen Bismarckplatz verschob, wodurch sich die Fläche Heidelbergs verdoppelte. Die Einwohner des Dorfes Bergheim wurden in die neu geschaffene *Vorstadt* zwangsumgesiedelt. Gleichzeitig wurden die seit dem 13. Jahrhundert in Heidelberg ansässigen Juden vertrieben. Ihre Synagoge wurde in eine Marienkapelle umgewandelt, die auch als Auditorium der Universität diente.

Das Stadtgebiet hatte nun eine Ausdehnung erhalten, die der heutigen Altstadt entspricht und bis ins 19. Jahrhundert Bestand haben sollte.

__Der Name Heidelberg,__ vermutet man, stammt entweder von den Heidelbeeren, die hier wuchsen, oder von dem mittelalterlichen Wort Heddel für Zieglein, die auf dem Heidelberger Hausberg, dem Gaisberg, weideten. Der Name könnte auch auf Heidel hindeuten, also ein Heidekraut. Dafür spricht, dass frühere Ansichten die Höhe des Königstuhls noch unbewaldet, aber mit Büschen und Kräutern überwuchert zeigen.

In der __St. Peterskirche__[2] findet immer noch jeden Sonntag der Universitätsgottesdienst statt (Plöck 62).

Der gut erhaltene __Hexenturm__[3] (Foto links) liegt im Innenhof der __neuen Universität__[28] am Universitätsplatz, Grabengasse 3–5

1225

HEIDELBERG wird Herrschaftssitz – Beginn der Schloss- und Kurfürstenära

Die erste Erwähnung einer Burg zu HEIDELBERG stammt aus dem Jahre 1225. In einem Dokument, welches 1303 entstand, ist sogar von zwei Burgen die Rede: Die obere thronte auf dem KLEINEN GAISBERG, eine dem KÖNIGSTUHL vorgelagerte Erhebung, die untere auf dem JETTENBÜHL.

Die beiden Festen waren zu jener Zeit in Besitz der PFALZGRAFEN BEI RHEIN, die als Vertreter des Königs fungierten und dem Hofgericht vorstanden. Die Herrschaft der Kurfürsten begann 1356 mit dem Erlass der Goldenen Bulle. Dieses in lateinischer Sprache abgefasste Gesetzeswerk wurde von KARL IV. erlassen und verlieh den Pfalzgrafen die Kurwürde. Von nun an gehörten sie als *Kurfürsten von der Pfalz* zu den sieben vornehmsten Fürsten im *Heiligen Römischen Reich Deutscher Nation* und ihr Herrschaftsgebiet wurde fortan als *Kurpfalz* bezeichnen.

In dieser Zeit entwickelte sich HEIDELBERG zur Residenzstadt der Kurpfalz. Die untere Burg auf dem JETTENBÜHL wurde deshalb zum **Schloss**[4] ausgebaut und blieb für fast 400 Jahre Wohnsitz der Pfälzer Kurfürsten. Die obere Burg, als Pulverlager genutzt, explodierte 1537 nach einem Blitzschlag und wurde aufgrund der zu starken Zerstörung nicht wieder aufgebaut.

Der Hexenbiss[T]
Ein Kurfürst versprach demjenigen, der es schaffe, den Eisenring am Eingangstor zu durchbeißen, das Schloss zu schenken. Niemandem gelang es bis heute – man erkennt jedoch noch den Abdruck vom Zahn einer Hexe, die ebenfalls erfolglos ihr Glück versuchte ...

Heidelberger Schloss[4]
Schloss Besucherzentrum
Telefon 06221 – 53 84 72
www.schloss-heidelberg.de

1386

Die älteste Universität Deutschlands – Gründung und Entwicklung

Im Jahr 1386 gründete Kurfürst Ruprecht I. die **Universität Heidelberg**[5]. Nach Prag (1348) und Wien (1365) war Heidelberg die dritte Universitätsstadt im *Heiligen Römischen Reich*. Mit der Förderung der Wissenschaft verschaffte Ruprecht I. der Stadt nicht nur ein höheres Ansehen, sondern sie ermöglichte ihm auch, den Nachwuchs an Geistlichen, Medizinern, Juristen und Lehrern ausbilden zu lassen, der für die Verwaltung seiner Kurpfalz nötig war. Obwohl Heidelberg zum Zeitpunkt der Universitätsgründung ohne jegliche akademische Tradition und mit gerade einmal 5000 Einwohnern als Universitätsstadt eigentlich zu klein war, fand sie zu dieser Zeit mit 300 Studenten durchaus einen recht hohen Zuspruch.

Durch das *Abendländische Schisma* (Deutschland hielt zu Papst Urban VI. in Rom, Frankreich zum Papst Clemens VII. aus Avignon) von 1378 bis 1417 kamen viele deutsche Akademiker nach Heidelberg, da sie von der Pariser Sorbonne, der führenden europäischen Universität des Mittelalters, verwiesen wurden.

Das Siegel der Universität Heidelberg
Es zeigt den Apostel Petrus als Schutzpatron der Universität.

Der Codex Manesse
Diese Sammlung mittelalterlicher Liederhandschriften gehört zu den Schätzen der Universitätsbibliothek.

Die Universitätsbibliothek[6] (Foto links)
Der Bau, 1905 nach einem Entwurf des Karlsruher Architekten Joseph Durm errichtet, ist vom Stilpluralismus des Späthistorismus geprägt: Elemente der deutschen und französischen Renaissance werden mit der Formensprache des damals gerade aufkommenden Jugendstils kombiniert. Während er in der badischen Baukunst um 1900 hinsichtlich seiner ästhetischen Qualität als stilbildend und wegweisend galt, wurden denkmalpflegerische Aspekte beim Umbau 1953 vernachlässigt, da „historistische Architektur“ zu der Zeit als nicht erhaltenswert galt.

Die Universitätsbibliothek[6]
Plöck 107–109
www.ub.uni-heidelberg.de

Universitätsmuseum[5]
Grabengasse 1

Zur Zeit ihrer Gründung bestand die Universität aus vier Fakultäten: Theologie, Recht, Medizin und Philosophie. Erst 1890 kamen die Naturwissenschaften als fünfte eigenständige Fakultät hinzu.

Obwohl MARTIN LUTHER bereits 1518 nach HEIDELBERG kam, war es Kurfürst OTTHEINRICH, der 1556 die Umwandlung in eine protestantische Landeshochschule vollzog. Der berühmte *Heidelberger Katechismus* entstand 1563 unter Mitwirkung der theologischen Fakultät. Die Blütezeit der Universität endete 1618 mit Beginn des *Dreißigjährigen Kriegs*. Ein Neuanfang danach wurde durch die völlige Zerstörung HEIDELBERGS 1693 während des *pfälzischen Erbfolgekriegs* verhindert, die Universität blieb erneut für mehrere Jahre geschlossen.

Im 18. Jahrhundert fand die Hochschule noch keinen Anschluss an ihre einstige Blüte, es herrschte intellektuelle Mittelmäßigkeit vor.

Erst Anfang des 19. Jahrhunderts gab es einen Neubeginn unter dem badischen Großherzog KARL FRIEDRICH: Die Universität wurde reorganisiert und zur staatlich finanzierten Lehranstalt. Geprägt wurde sie in dieser Zeit von der Lehre HEGELS, von SCHLOSSER, der eine eigene Heidelberger Schule der politischen Geschichtswissenschaft begründete, und vom Mediziner MAXIMILIAN JOSEPH VON CHELIUS, der Patienten aus ganz Europa anzog. Während die Naturwissenschaften vom Zusammenwirken von ROBERT BUNSEN, GUSTAV KIRCHHOFF und HERMANN VON HELMHOLTZ profitierten, prägte vor allem die Fakultät der Rechtswissenschaften den Ruf der Heidelberger Universität.

2016 feierte die Universität ihr 630-jähriges Bestehen.

Ruprecht-Karls-Universität[5]
(oder lateinisch Ruperto Carola)
Der Name geht zurück auf den Gründer RUPRECHT I. und ihren Förderer zu Beginn des 19. Jahrhunderts, den Großherzog KARL FRIEDRICH VON BADEN.

Die Alte Aula[5] (Foto rechts)
1886 wurde anlässlich des 500-jährigen Jubiläums der Universität das Innere der Alten Aula mit einer Holzvertäfelung im Stil des Historismus versehen. In der Mitte vor der Stirnwand steht eine Büste von FRIEDRICH I. VON BADEN, dem amtierenden Großherzog. Rechts davon befindet sich ein Portrait von Kurfürst RUPRECHT I., dem Gründer der Universität Heidelberg, links ein Portrait von KARL FRIEDRICH VON BADEN, dem großzügigen Förderer der Universität im 19. Jahrhundert.
Das obere Bild stellt den Einzug der PALLAS ATHENE, der Göttin der Weisheit, in Heidelberg dar, eine Allegorie der Universitätsgründung. Die schwarz-weiß-rote Fahne steht für das DEUTSCHE REICH und unterstreicht die Wichtigkeit als erste Universität Deutschlands.

1400

Kurfürst RUPRECHT III. – Ruprechtsbau und Heiliggeistkirche

Der **Ruprechtsbau**[A] ist der älteste noch erhaltene Bau des Schlosses und wurde von Kurfürst RUPRECHT III., der von 1400 – 1410 als RUPRECHT I. deutscher König war, in Auftrag gegeben. Es ist ein schlichter Bau, dessen plastischer Schmuck hauptsächlich aus einem kunstvoll gehauenen Schlussstein über dem Eingangstor besteht. Dieser zeigt zwei Engel, mit Rosenkranz als Wahrzeichen der Mutter Gottes und Zirkel als Zeichen der Baumeisterzunft. Der Schlussstein ist so lebendig und ausdrucksstark gestaltet, dass er zu der Sage anlass gab, es handele sich bei den beiden Engeln um die Zwillingssöhne des Architekten:

Die Knaben hatten während der Bautätigkeit fast täglich ihren Vater besucht, waren aber kurz vor Abschluss der Arbeiten von einem Gerüst gestürzt und zu Tode gekommen.

Unendlich betrübt sah sich der Architekt außer Stande, das Gebäude zu vollenden, bis ihm eines Nachts die Söhne in Form von Engeln erschienen. Dies veranlasste ihn zu der in Stein gehauenen gotischen Plastik.

*Im Innern des **Ruprechtsbaus**[A] findet man einen Renaissance-Kamin aus dem Jahre 1546, der ursprünglich im Speisesaal des Gläsernen Saalbaus stand.*

Heiliggeistkirche

Kurfürst RUPRECHT III. war es auch, der die **Heiliggeistkirche**[7], die bereits 1239 zum ersten Mal erwähnt wurde, zur Stiftskirche HEIDELBERGS machte.

Die Kirche ist eine Hallenkirche mit drei gleich hohen Schiffen. Die Seitenschiffe sind durch Emporen unterteilt, die zur Aufbewahrung der Stiftsbibliothek dienten, die den Kern der späteren *Bibliotheca Palatina* bildete.

1398 wurde der Grundstein des heutigen, spätgotischen Baus gelegt, welcher die vorherige, spätromanische Basilika gleichen Namens ersetzte. Der Chor wurde 1410 geweiht, das Langhaus 1441 vollendet. Wahrscheinlich wurde im selben Jahr der Bau des Westturms begonnen, der nach einer bis 1508 währenden Bauunterbrechung 1544 vollendet wurde. 1709, nachdem die Kirche während des *Pfälzischen Erbfolgekrieges* durch die Franzosen in Brand gesteckt wurde, wurde sie im Rahmen ihres Wiederaufbaus in ihrer heutigen, endgültigen Form fertiggestellt und mit der barocken Haube versehen.

RUPRECHT III. wurde, wie auch viele weitere Kurfürsten nach ihm, nach seinem Tode in der Gruft der Kirche bestattet. Jedoch ist sein Grab das einzig erhaltene, die anderen wurden im *Pfälzischen Erbfolgekrieg* zerstört.

*Das Grab RUPRECHTS III. ist in der **Heiliggeistkirche**[7] zu besichtigen. Besonders sehenswert sind auch die modernen Kirchenfenster: Das Physikerfenster des international bekannten Glasmalers JOHANNES SCHREITER auf der Südseite und die fünf Werke der Künstlerin HELLA SANTAROSSA auf der Nordseite. Eine besonders gute Aussicht über die Stadt hat man von der Aussichtsplattform des Kirchturms.*

http://www.ekihd.de/html/die_heiliggeistkirche.html

1508

Befestigung und Sicherung der Stadt durch Ludwig V.

Dem Kurfürsten Ludwig V., auch *der Friedfertige* genannt, war das Thema Sicherheit und Befestigung besonders wichtig: Er ließ einen breiten Wall um die bestehenden Schlossgebäude legen und den **Dicken Turm**[B] mit mehr als sechs Metern Mauerstärke als Wehrturm errichten. Für die Aufstellung von Geschützen wurde der **Stückgarten**[C] angelegt, auf der Ostseite wurden die Befestigungen verstärkt: der **Glockenturm**[D] für akustische Warnsignale in Gefahrensituationen, das **Brückenhaus**[E] für die Wachsoldaten sowie der **Krautturm**[F] (von Zündkraut = Pulver), bei dem die Mauer von drei auf sechs Meter zur Angriffsseite hin verstärkt wurde.

Die um 1510 entstandene **Brunnenhalle**[G] diente als Wirtschaftsbau. Die römischen Granitsäulen, auf denen das Hallengewölbe ruht, stammen der Überlieferung nach aus Ingelheim von der Pfalz Karl des Grossen. Gleichfalls dachte Ludwig V. mit dem um 1526 begonnenen **Frauenzimmerbau**[H] an die Damen im Schloss und letztendlich auch an sein ureigenes Interesse, den Bau der **Bibliothek**[I], die nach ihrer Vollendung seine Privatbücherei und das kurfürstliche Archiv aufnahm.

Darüber hinaus ließ Ludwig V. 1510 den heutigen **Marstall**[8] direkt am Neckar erbauen – als Zeughaus für Waffen und Unterstand für die Pferde. Dessen lange Neckarfront war geschützt durch je einen Wachturm an beiden Enden und bot eine Anlegemöglichkeit für die Flussschiffe.

*Der **Krautturm**[F] (Detail oben, Foto rechts und Doppelseite rechts im Bild) wird heute auch **gesprengter Turm** genannt, da auch die Verstärkung des Mauerwerks den Angriffen der Franzosen 1693 nicht stand hielt.*

*Der **Marstall**[8] dient heute den Studenten als Mensa. Der moderne Gebäudeteil beherbergt auch die folgenden Museen:*

Antikenmuseum und Abguss-Sammlung des Instituts für Klassische Archäologie der Universität [8]
Neues Kollegiengebäude
Marstallhof 4
Telefon 06221 – 54 25 15 oder 54 25 12
www.klassische-archaeologie.uni-hd.de

Sammlung des Ägyptologischen Instituts [8]
Marstallhof 4
Telefon 06221 – 54 25 36 oder 54 25 33

1518

Martin Luther
und der *Heidelberger Katechismus*

1518 besuchte der Kirchenreformator Martin Luther die Stadt Heidelberg und ließ hier, wie auch in Wittenberg ein halbes Jahr zuvor, seine 95 Thesen verlauten. Auf Veranlassung Roms wurde er vom Augustinerorden zu einer Disputation (die so genannte *Heidelberger Disputation*) eingeladen, in der er seine Thesen näher erläutern sollte. Dies nutzte er aber, um seine *theologica crucis* darzulegen, eine reformierte Sichtweise der christlichen Theologie, und konnte so weitere Anhänger seiner Theorien gewinnen.

Durch die Universität war Heidelberg schon immer Zentrum theologischer Forschung und Arbeit, so wurde hier auch 1563 der *Heidelberger Katechismus* verfasst, ein Glaubenshandbuch der reformierten Kirche, herausgegeben von Zacharias Ursinus und Caspar Olevian.

Martin Luther (1483 – 1546) war Begründer der Reformation.

Als Augustinermönch predigte er unter anderem gegen die Bußpraktiken der katholischen Kirche und erreichte einen großen Teil der Bevölkerung, die sich als reformierte Protestanten von der römisch-katholischen Kirche abspalteten. Diese gegensätzlichen Glaubensrichtungen hatten große Auswirkungen auf die weiteren Geschicke des Deutschen Reichs und insbesondere auch auf Heidelberg.

Augustinerkloster
Unter den Pflastersteinen des Universitätsplatzes verborgen liegen die Fundamente des 1279 erstmals erwähnten Augustinerklosters. Hier rechtfertigte Martin Luther am 26. April 1518 vor dem Generalkapitel seines Ordens seine »Lehre der Gnade Gottes ohne Werkgerechtigkeit« (= Erlösung aufgrund eigener Leistungen). Teile der Bebauung wurden beim Brand 1693 zerstört. Die angrenzende Augustinergasse erinnert an das Kloster. Reste des Klosters sind im Kurpfälzischen Museum, im so genannten Lapidarium, ausgestellt.

Kurpfälzisches Museum[1]
Hauptstraße 97
www.museum-heidelberg.de

*Der **Heidelberger Katechismus** ist heute die am weitesten verbreitete Sammlung von Lehrsätzen der reformierten Kirche.*

Gedenktafel[9] ***(Foto rechts)***
Sie ist in den Boden des Universitätsplatzes eingelassene und erinnert heute an das Leben und Werk Luthers in Heidelberg.

MARTIN LUTHER
1483
1546
ZUM GEDENKEN AN SEINEN
AUFENTHALT IM KLOSTER DER
AUGUSTINER UND AN SEINE

1544

Einzug der Renaissance unter FRIEDRICH II.

Dem lebensfrohen und vielgereisten FRIEDRICH II., der seine Jugend an den großen Höfen Europas verbracht hatte, verdanken die Heidelberger den **Gläsernen Saalbau**[J]. Dieses Gebäude an der nordöstlichen Ecke des Schlosshofes wurde benannt nach dem Festsaal, dessen Wände mit wertvollem venezianischen Spiegelglas verziert waren.

Italienische Palastfassaden dienten als Vorbild für die Hoffront mit den drei Arkadengeschossen, deren Wappen und Dekorationen der Heidelberger Bildhauer CONRAD FORSTER gestaltete. Hinter den Arkaden im Stil der Renaissance befinden sich Arkadengänge mit spätgotischen Gewölben. Diese Stilmischung zeigt den Übergang der gotischen Baukunst zur Renaissance an, wobei die ungewöhnlich wuchtige Bauweise der Arkaden von einem eher vorsichtigen Versuch der Veränderung zeugt, denn FRIEDRICH II. war bereits 62 Jahre alt, als er das Amt des Kurfürsten übernahm.

Kurfürst KARL LUDWIG ließ hier im späten 17. Jahrhundert seine Wohnräume gemäß dem Geschmack der Zeit einrichten. Die dafür notwendigen umfangreichen Umbauarbeiten betrafen sogar die alte Stockwerkseinteilung. Die alten quadratischen Fenster des Renaissancebaus wurden von den großen Barockfenstern durchschnitten. Die dadurch erzeugte Instabilität der Mauern musste durch einen mächtigen Stützpfeiler aufgefangen werden.

Weitere Details über die einzelnen Schlossgebäude erfährt man bei den stündlich stattfindenden Schlossführungen durch die Innenräume.

Service Center Heidelberg Schloss
Telefon 06221 - 65 88 80

*Der Giebel des Treppenbaus am **Gläsernen Saalbau**[J] zeigt die eigenwillige Verknüpfung eines spätgotischen Treppengiebels mit Figuren und Elementen der Renaissance.*

1556

Kurfürst Ottheinrich und die Verwandlung einer Burg in ein Schloss

Zu den schillerndsten Persönlichkeiten in der Kurpfalz zählt Kurfürst Ottheinrich, auch wenn er nur drei Jahre amtierte. Er galt als großer Connaisseur des neuen Geistes, was Religion, Kunst und Wissenschaft betraf. Er liebte die Mathematik ebenso wie die Astronomie und schrieb Tagebücher über seine Pilgerreise ins *Heilige Land*. Er führte in der Kupfalz den Protestantismus ein und förderte die Kunst. Er war es, der die Buchbestände der Universität, der Stiftsbibliothek der Heiliggeistkirche und der Schlossbibliothek der Kurfürsten von der Pfalz zur eigentlichen *Bibliotheca Palatina* vereinigte.

Mit dem berühmten **Ottheinrichsbau**[K], dem ersten Palastbau der Renaissance auf deutschem Boden, wandelte er die Burg zum Schloss. Über drei Etagen erstreckt sich die Front, und mit jeder Etage nimmt die Stockwerkhöhe ab, wodurch die waagerechte Ausrichtung des Baukörpers betont wird. Das Besondere der Fassade sind aber die 16 steinernen Figuren des Niederländers Alexander Colin, die die Nischen zwischen den Fenstern zieren. Als typischer Rennaissancefürst liebte Ottheinrich ausschweifende Feste und üppiges Essen. Sein verschwenderischer Lebensstil führte aber auch dazu, dass er infolge seiner behindernden Korpulenz nur noch das Erdgeschoss seines Schlosses bewohnen konnte und schon im Alter von 56 Jahren verstarb.

*Ottheinrich Herzog von Pfalz-Neuburg (*10.4.1502 in Amberg; †12.2.1559 in Heidelberg) aus der Familie der Wittelsbacher, war Pfalzgraf von Pfalz-Neuburg von 1505 bis 1559 und Kurfürst von der Pfalz von 1556 bis 1559.*
Gemälde rechts: *Öl auf Holz, nach 1531, Maler unbekannt, Leihgabe des Bayerischen Nationalmuseum München, Kurpfälzisches Museum*[1]

Die 16 Figuren des Ottheinrichsbaues*[K]*:
Im Erdgeschoss: *mythische Helden (Josua, Samson, Herkules und David) und römische Kaiser als Sinnbild für politische und militärische Macht.*
Im ersten Obergeschoss: *die fünf Tugenden Stärke, Glaube, Liebe, Hoffnung und Gerechtigkeit.*
In der zweiten Etage: *Personifikationen der sieben Planeten Saturn, Mars, Venus, Merkur, Jupiter, Sol und Luna.*

Im Ottheinrichsbau befindet sich das ***Deutsche Apothekenmuseum*[K]** *mit der umfangreichsten Ausstellung der Welt rund um die Pharmaziegeschichte.*

***Deutsches Apothekenmuseum*[K]**
Schlosshof 1,
Telefon 06221 – 25880
www.deutsches-apotheken-museum.de

1607

Die prunkvolle Ahnengalerie des Kurfürsten FRIEDRICH IV.

FRIEDRICH IV. fügte dem Schloss 1601 – 1607 einen eigenen prunkvollen Palast im Stil der zeitgenössischen Architektur hinzu, den zwischen **Frauenzimmerbau**[H] und **Gläsernem Saalbau**[J] gelegenen **Friedrichsbau**[L]. Um das Problem des inzwischen immer geringer werdenden Baugrundes innerhalb der Schlossgrenzen zu umgehen, ließ der Architekt alte baufällige Gebäude an der Nordseite einreißen, um an deren Stelle die neuen Mauern hochzuziehen. Die **Schlosskapelle**[M] kann man von außen nur durch die rundbogigen Fensterformen erahnen.

Zum ersten Mal wurde neben der Innenhoffassade auch die hofabgewandte Fassade durch architektonisches Dekor verziert. Dennoch war die Hofseite um einiges prunkvoller gestaltet, was vor allem an den Figuren lag, die auf hervorstehenden Podesten in die Front eingearbeitet waren. Hier ließ Friedrich eine Ahnengalerie aus alten Herrschern und Kurfürsten errichten – die WITTELSBACHER AHNENGALERIE – einschließlich eines Abbildes seiner selbst.

*In der **Schlosskapelle**[M] mit gotischen und spätbarocken Stilelementen lassen sich heutzutage Brautpaare aus aller Welt in stimmungsvoller Atmosphäre unter den Klängen der historischen Orgel vor dem Barockaltar aus dem 18. Jahrhundert trauen.*

Die Statue FRIEDRICH IV. befindet sich ganz rechts in der untersten Reihe der Ahnengalerie. Im Inneren des vor etwa 100 Jahren restaurierten Baus, vor Witterung geschützt, stehen die Originale der Fassadenfiguren.

1613

Die Hochzeit zwischen Friedrich V. und Elisabeth Stuart

Der sechzehnjährige Friedrich V. brachte durch seine Heirat mit Elisabeth Stuart, Tochter des englischen Königs Jakob I. und Enkelin Maria Stuarts, Glanz und Internationalität nach Heidelberg. Darüber hinaus festigte diese Verbindung die evangelische Union. Auch nach der Trauung in London in der Whitehall-Chapel im Februar 1613 wurden in England monatelang pompöse Feiern veranstaltet, unter anderem eine inszenierte Seeschlacht auf der Themse.

Friedrich bereitete Elisabeth, die in einer sechsspännigen Kutsche in Heidelberg eintraf, einen rauschenden, mehrtägigen Empfang. Neben Paraden und Rennen ließ er Nachbauten von Schlössern mittels Schwimmplattformen auf dem Neckar platzieren, von denen aus ein Feuerwerk den kurpfälzischen Himmel erhellte.

Um Elisabeth den Aufenthalt in Heidelberg zu versüßen, scheute ihr Gemahl keine Kosten: So ließ er einen neuen Palast errichten, den **Englischen Bau**[N], und ordnete an, den oberen Teil des **Dicken Turmes**[B] zu einem Theater umzubauen. Die westliche Verteidigungsmauer wurde zu einem Garten umgestaltet, dem **Stückgarten**[C], dessen Eingang das **Elisabethentor**[O] (Foto rechts) war, das er als Überraschung zu Elisabeths 19.ten Geburtstag errichten ließ. Die baulichen Änderungen schwächten die Wehrhaftigkeit der Anlage, was Heidelberg später in bitterer Weise erfahren musste. Aus ihrer Ehe entstanden dreizehn Kinder. Trotz den folgenden tragischen Wendungen sowie ihrer späteren Verbannung ins Exil hielt die Ehe fast zwanzig Jahre lang bis zu Friedrichs Tod.

Heute noch finden dreimal jährlich im Sommer die „Schlossbeleuchtungen" statt, stets mit großem Feuerwerk.

Abbildung nächste Doppelseite: Historisches Feuerwerk

Der Hortus Palatinus

Auf Kurfürst Friedrich V. geht auch der monumentale Ausbau des spätmittelalterlichen Burggartens, genannt *Hasengärtlein*, zu einem Schlossgarten, dem **Hortus Palatinus**[10] *(= Pfälzischer Garten)* zurück, zu seiner Zeit als achtes Weltwunder berühmt. Es war der bedeutendste Garten im Stil des Manierismus in Deutschland und Vorbild für ähnliche Gärten in anderen deutschen Residenzen.

Der französische Ingenieur und Gartenarchitekt Salomon de Caus erhielt den Auftrag für die Neugestaltung des Gartens. Der im Jahre 1616 begonnene Park wurde terrassenartig angelegt und mit exotischen Pflanzen, Brunnen, Säulen und verspielten Grotten versehen. Um die Terrassierung zu vollenden, mussten die bis zu 20 Meter hohen Schutzmauern des Schlosses abgetragen und umgesetzt werden.

Durch den Beginn des *Dreißigjährigen Krieges* konnte der Hortus Palatinus nicht fertiggestellt werden, Bepflanzung und Dekoration sind nur durch Abbildungen und ein Buch von Salomon de Caus überliefert.

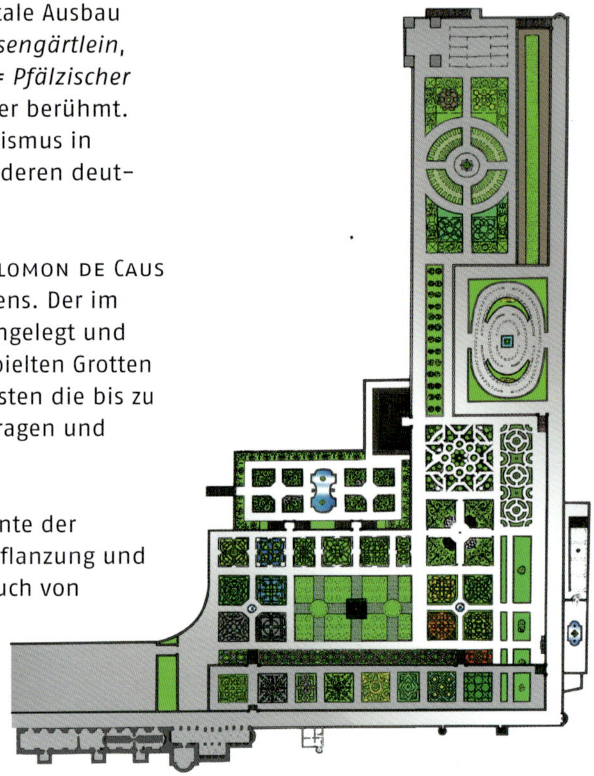

Links eine Darstellung des Hortus Palatinus von Jacques Fouquiéres (um 1580/90 – 1659), Öl auf Leinwand, vor 1620, Kurpfälzisches Museum[1], Heidelberg.

Der Hortus Palatinus wurde in den nachfolgenden Kriegen fast vollständig zerstört. Das Foto unten zeigt die letzte erhalten gebliebene Wasserstatue:

Der Dreißigjährige Krieg von 1618 bis 1648

FRIEDRICHS Entscheidung im Jahre 1619, gegen den Widerstand des Kaisers die Königswürde von Böhmen anzunehmen, wurde ihm letztendlich zum Verhängnis. Die katholischen Lager im deutschen Reich wollten einen protestantischen König nicht anerkennen, und so entwickelte sich der schon lange schwelende Religionskonflikt zum offenen Kampf, dem *Dreißigjährigen Krieg*.

FRIEDRICH V. konnte sich nur 13 Monate (von Winter zu Winter) auf dem Thron halten, was ihm den spöttischen Beinamen *Winterkönig* einbrachte.

Nach seiner Niederlage gegen den Feldherren TILLY bei der *Schlacht am Weißen Berg* verlor er die Königskrone, die Kurfürstenwürde und die Pfälzer Ländereien.

1622 fiel TILLY in Heidelberg ein und eroberte Stadt und Schloss. Die Herrschaft über die Kurpfalz wurde dem Herzog MAXIMILIAN I. von Bayern übergeben, der schon bald die Rekatholisierung veranlasste. Die BIBLIOTHECA PALATINA, jene wertvolle Sammlung mittelalterlicher Handschriften, wurde dem Papst GREGOR XV. in ROM als Geschenk übergeben, damit er die Beförderung des bayerischen Herzogs zum Kurfürsten befürwortete.

*Ein **Historischer Pfad**[11] auf dem Heidelberger GAISBERG führt bei einem Waldspaziergang zu den strategischen Punkten der Heidelberger Verteidigung und zu den Belagerungsorten TILLYS. Der Ausgangspunkt liegt oberhalb der Friedrich-Ebert-Anlage auf Höhe des 5 Sterne Hotels EUROPÄISCHER HOF – HOTEL EUROPA.*

***Der Winterkönig**: FRIEDRICH V., dargestellt im Harnisch, Kurmantel sowie mit Wenzelskrone, Reichsapfel und Zepter in den Händen; Kurschwert und Kurhut neben ihm; als Zeichen der Verbundenheit mit dem englischen König trägt er die Ordenskette des Hosenbandordens (Gemälde von Gerrit van Honthorst, 1634, Kurpfälzisches Museum[1], Leihgabe des Ministeriums für Wissenschaft und Kunst Baden-Württemberg).*

Die BIBLIOTHECA PALATINA befindet sich noch heute größtenteils in der Bibliothek des Vatikans. Anlässlich der 600-Jahrfeier Heidelbergs wurden etliche Exemplare leihweise nach HEIDELBERG zurückgebracht.

1671

Liselotte von der Pfalz – eine strategische Vermählung mit Folgen

Karl Ludwig, Sohn des *Winterkönigs* Friedrich V. und Elisabeth Stuart, erlangte 1649 eine achte Kurfürstenwürde und meisterte in den folgenden Jahren die Herausforderung, die verwüstete Stadt wieder zu beleben. Von ehemals 5500 Einwohnern lebten nicht einmal mehr 500 in Heidelberg. Doch durch Steuerzugeständnisse und andere politische Anreize gelang es ihm, Menschen aus ganz Europa anzusiedeln.

Seine aufgeweckte Tochter Elisabeth Charlotte, liebevoll Liselotte von der Pfalz genannt, wurde 1671 aus politischen Gründen im Alter von 19 Jahren mit Philippe von Orléans verheiratet, dem Bruder des französischen Sonnenkönigs Ludwig XIV., um die Bande zum westlichen Nachbarn zu festigen. Die unkomplizierte Liselotte, dem Specksalat sehr zugetan, lebte fünfzig Jahre lang am französischen Hof.

Sie war sehr unglücklich, da ihr Mann sich eher zu seinen männlichen Günstlingen hingezogen fühlte und ihr überdies nicht gestattete, ihr geliebtes Heidelberg wiederzusehen.
In 6000 Briefen hinterließ sie ein amüsantes Sittenbild ihrer Epoche und plauderte freiherzig und in ungekünsteltem Ton über die Intrigen am französischen Königshof.

Elisabeth Charlotte, 2007, portraitiert von Elvira Bach, in Privatbesitz von Anneli Hopp, Walldorf.

Elisabeth Charlotte, Herzogin von Orléans, portraitiert 1713 von Hyacinth Rigaud, Kurpfälzisches Museum[1].

Kurtze
Beschreibung
Der uralten / Chur=Pfältzischen Residentz=Stadt
Heydelberg /
Deren Ursprung / und was in derselben besonderliches und denckwürdiges geschehen und allda zu sehen gewesen / auch wie jüngsthin dieselbe und deren Innwohner / durch des so genannten Christlichen Königs von Franckreich / Ludwig des XIV. Unchristliche und mehr als barbarische Behandelung und Tractament respectivè verstöret / zernichtet und zerstreuet / So dann anbey / wie der / durch dessen Veranlaß all dieses Unglück geschehen / zur Straffe gezogen worden.

Gedruckt im Jahr 1693.

Ein Flugblatt von 1693 zeigt die Steinpfeiler der bereits zerstörten Brücke und die Sprengung des Schlosses.

Der englische Schriftsteller WILLIAM SOMERSET MAUGHAM *pflegte über die Trümmer des Schlosses zu sagen:*

»Keiner hinterlässt so schöne Ruinen wie die Franzosen.«

Der Pfälzische Erbfolgekrieg (1688 – 1697)

Als Liselottes Bruder Karl II., Nachfolger von Karl Ludwig, als Kurfürst der Pfalz 1685 kinderlos starb, nutzte Ludwig XIV. die familiäre Verbindung, um im Zuge seiner Ausdehnungspolitik Erbansprüche auf pfälzische Besitzungen geltend zu machen. Der *Pfälzische Erbfolgekrieg* begann: 1688 besetzten die Franzosen unter General Ezéchiel de Mélac erstmalig Stadt und Schloss, plünderten und brannten einige der Häuser nieder. Teile des Schlosses einschließlich des Dicken Turms wurden 1689 gesprengt.

Am 22. Mai 1693 fielen die Franzosen erneut ein und vollendeten ihr Zerstörungswerk. Auf Befehl von General Ezéchiel de Mélac wurden die Einwohner Heidelbergs in der Heiliggeistkirche zusammengepfercht und diese in Brand gesteckt. Auf dem Schloss wurde der Pulverturm gesprengt, das gesamte Schlossareal und die Stadt in Flammen gesetzt – die Stadt und ihre Bewohner wurden Opfer des Brandes. Die Plünderer schreckten nicht einmal vor der Öffnung der kurfürstlichen Gräber zurück.

Ludwig XIV. feierte die Meldung von der völligen Zerstörung Heidelbergs mit einem Festgottesdienst und ließ aus Genugtuung darüber eine Gedenkmünze anfertigen, die *Heidelberga deleta*.

Die Renaissancefassade von 1592 des Hauses **Zum Ritter**[12] in der Hauptstraße, das dem reichen französischen Tuchhändler Charles Bélier gehörte, zählt zu den wenigen Gebäuden der Stadt, die erhalten blieben.

*Die Umschrift der Münze lautet: **Heidelberga deleta** = Heidelberg ist zerstört. Die Rückseite zeigt den bärtigen Flussgott Neckar, und die trauernde Stadtgöttin Heidelberga. Sie sitzt weinend auf dem zerbrochenen Wappenschild und stützt sich auf die Trümmer der Zerstörung.*

*Das Haus **Zum Ritter**[12] gehört heute zu den wenigen erhaltenen Renaissancegebäuden der Stadt. Es fungiert seit 1875 als Gasthaus und Hotel.*

Hotel zum
Ritte

1701

Der Wiederaufbau der Stadt unter Kurfürst Johann Wilhelm

Nach Beendigung des *Pfälzischen Erbfolgekriegs* 1697 mit dem *Frieden von Rijswijk* begann unter der Ägide von Kurfürst Johann Wilhelm der Wiederaufbau Heidelbergs. Man behielt den mittelalterlichen Grundriss bei und baute auf den Fundamenten der zerstörten Gebäude neue Häuser im Barockstil. Aus den Trümmern entstanden 1701 das **Rathaus**[13] (kleines Foto rechts), 1712 die **Alte Universität**[5] und das **Palais Morass**[14].

Obwohl seit dem Westfälischen Frieden Religionsfreiheit herrschte, förderten die katholischen Kurfürsten den Katholizismus und siedelten in Heidelberg Jesuiten an. In der Altstadt entstand ein ganzes Jesuitenviertel mit **Jesuitenkirche**[15], Jesuitengymnasium und Jesuitenkolleg.

Die gigantischen Pläne des Kurfürsten Johann Wilhelm (1690–1716), das Schloss als eine großartige Barockresidenz wiederherzustellen, scheiterten an den Kosten. Nur notdürftig wurden die wichtigsten Schlossgebäude restauriert, aber als Herrschaftssitz konnte es leider nicht mehr dienen – die Kurpfalz wurde die nächsten Jahre von Düsseldorf aus regiert.

Jesuitenkirche*[15] *(Foto rechts):
Beeindruckend ist ihre Nordfassade mit den Statuen des Ordensgründers Ignatius von Loyola und des Missionars Franz Xaver sowie den personifizierten Darstellungen der Tugenden Liebe, Hoffnung und Glaube.

*Das Innere der **Jesuitenkirche**[15] strahlt eine außergewöhnliche Helligkeit aus. Es gibt dort drei Altarbilder, eine prachtvolle Mutter Gottes in Silber sowie eine goldene Holzfigur des Heiligen Ambrosius. In der Kirche finden regelmäßig Konzerte statt. www.jesuitenkirche.kath-hd.de*

***Museum für Sakrale Kunst und Liturgie*[15]**
Merianstraße 1
im Innern der Jesuitenkirche
Telefon 06221 – 16 63 91

1716

KARL PHILIPP – Rekatholisierung und Ende der Residenzzeit

Dem kinderlosen JOHANN WILHELM folgte 1716 sein jüngerer Bruder KARL PHILIPP. Aus TIROL brachte der neue Kurfürst einen äußerst amüsanten Begleiter mit, der bald zu einer kleinen Berühmtheit wurde: Den zwergwüchsigen Hofnarren und trinkfesten Fasswächter im Schlosskeller, wo sich das **Große Fass**[V] befand. Man nannte ihn PERKEO, weil er stets auf die Frage, ob er Wein trinken wolle, *»Perché no?«* – *»Warum nicht?«* antwortete. Er selbst trank fortan unvorstellbare Mengen an Wein. Nach seinem Tod ging das Gerücht um, er sei gestorben, weil der Arzt ihm aufgrund einer Krankheit ein Glas Wasser verordnet hatte.

Doch man verbindet mit KARL PHILIPP nicht nur Amüsantes: Der Kurfürst wollte die Bevölkerung mit aller Macht rekatholisieren. So ließ er Madonnenstatuen an vielen Häuserecken errichten – auch 1718 die **Mariensäule**[16] am Kornmarkt. Sein Wunsch war es sogar, die seit 1705 bestehende Trennmauer in der Heiliggeistkirche, welche eine gleichzeitige Nutzung der Kirche durch die Gläubigen beider Konfessionen ermöglichte, niederzureißen, um die Kirche ganz den Katholiken zur Verfügung zu stellen.

Da KARL PHILIPPS Regentschaft unentwegt von Konflikten mit den reformierten Kräften in HEIDELBERG gekennzeichnet war, verlegte er seine Residenz 1720 in die Nachbarstadt MANNHEIM und ließ dort ein imposantes Barockschloss erbauen.

Dieser Schachzug bedeutete aber vorerst den kulturellen und finanziellen Niedergang HEIDELBERGS, da nicht nur die gesamte Regierung abwanderte, sondern mit ihr auch das zahlungskräftige und gebildete Publikum.

***Das Große Fass*[V]**
Es ist 7 m breit und 8,5 m lang und hat ein Fassungsvermögen von ca. 222.000 Litern. Auf der Oberseite ist ein Tanzboden angebracht, den man heute noch ersteigen kann. Übrigens: der Wein aus diesem Fass schmeckte abscheulich, war er doch ein buntes Gemisch aus Rebensäften, den Steuerabgaben der Bauern.

***Die Trennmauer der Heiliggeistkirche*[7]**
wurde erst 1936 endgültig niedergerissen. Heute ist die Kirche evangelisch.

1743

Wirtschaftliche und kulturelle Blüte unter Kurfürst Karl Theodor

Unter Kurfürst Karl Theodor (1743 – 1799) erlebte die Kurpfalz eine wirtschaftliche und kulturelle Blütezeit, von der auch Heidelberg profitierte: Er war Gründer der Maler- und Bildhauerakademie sowie der pfälzischen Akademie der Wissenschaften und des Nationaltheaters Mannheim. Er beherrschte fünf Sprachen, spielte mehrere Instrumente und unterhielt einen luxuriösen Hof.
Der Kurfürst wollte das Schloss nicht dem Verfall überlassen. Unter anderem ließ er das *Große Fass* aus 90 Eichenstämmen erneuern. Seine Bemühungen, das Schloss zu bewahren, wurden jedoch durch einen verheerenden Blitzeinschlag 1764, bei dem die restaurierten Gebäude niederbrannten, endgültig zunichte gemacht.

In der Stadt war Karl Theodor beliebt, Zeugnisse dafür waren das ihm zu Ehren errichtete **Karlstor**[17] am östlichen Stadtrand und seine **Ehrenstatue**[21] auf der **Alten Brücke**[18]. Diese Steinbrücke war auf sein Geheiß hin 1786 – 1788 über den Neckar geschlagen worden und ersetzte die vorherigen Holzbrücken, die immer wieder durch Kriege und Hochwasser zerstört worden waren.
Auf der Nordseite der Brücke, im Affenturm, stand seit dem 15. Jahrhundert der so genannte **Brückenaffe**[20], die Figur eines Affen, der sich in einem Spiegel betrachtet. Landstreicher sollten zur Umkehr bewegt, Zugereiste verspottet werden.

Als sein ersehnter Stammhalter einen Tag nach der Geburt starb, rief Karl Theodor ein Entbindungsheim nebst einer Hebammenschule ins Leben. Er heiratete nach dem Tod seiner Frau 1794 die Erzherzogin Maria Leopoldine von Österreich-Este. Kurfürst Karl Theodor wurde von Friedrich dem Grossen als *Glücksschwein* bezeichnet, da er so über Nacht und ohne einen einzigen Krieg zu führen, das kurfürstliche Erbe in München antrat.

***Der Brückenaffe**[20]*
*Die Affenfigur aus dem 15. Jahrhundert ging im Pfälzer Erbfolgekrieg verloren, wurde aber 1979 durch eine Bronzeskulptur von Gernot Rumpf ersetzt. Mit Spiegel, Urkunde und zwei Mäusen hält sie den Ankömmlingen nun beim **Brückentor**[19] – im wahrsten Sinne des Wortes – einen Spiegel vor. Zu seinem Fuße prangt die Inschrift: Was thustu mich hie angaffen? Hastu nicht gesehen den alten Affen? Zu Heydelberg sieh dich hin un her, Da findestu wol meines gleichen mehr.*

Rechts: Die über dem Foto liegende Illustration zeigt eine Rekonstruktion der Holzbrücke, die vor der heutigen Steinbrücke dort stand.

1810

Die Schlossruine als Anziehungspunkt für die Künstler der Romantik

Allen Bemühungen zu ihren Instandsetzungen zum Trotz verfiel die Ruine des Schlosses zusehends. Erst der französische Adlige Charles de Graimberg, der am 4. Oktober 1810 zum Zeichnen nach Heidelberg kam, bis zu seinem Tod 1864 in der Stadt blieb und während dieser Zeit seine Arbeit als Zeichner, Sammler und Denkmalpfleger in den Dienst der Schlossruine stellte, ging als ihr Retter in die Geschichte ein. Seine Stiche machten die Schlossanlage einer breiten Öffentlichkeit zugänglich und das **Heidelberger Schloss**[4] als romantischen Ort in aller Welt berühmt, so dass man sich endlich auch von staatlicher Seite um ihren Erhalt bemühte. Nicht zuletzt die kommerzielle Nutzung der Bilder selbst diente der Bewahrung der Ruine. Nebenbei legte Charles de Graimberg mit seiner umfangreichen *Alterthümersammlung* den Grundstock für das städtische **Kurpfälzische Museum**[1].

Sein mühevoller Einsatz wurde belohnt: Das Schloss wirkte wie ein Magnet. Anfang des 19. Jahrhunderts lockte Heidelberg mit jener einzigartigen Mischung aus lieblicher Landschaft und malerischer Ruine berühmte Romantiker an, die dazu beitrugen, diese markante Schönheit in aller Welt bekannt zu machen. Bereits 1805 veröffentlichten Achim von Arnim und Clemens Brentano in Heidelberg den ersten Band der Trilogie *Des Knaben Wunderhorn*, der Volksliedtexte vom Mittelalter bis ins 18. Jahrhundert enthält und heute als Inbegriff der *Romantik* gilt.

William Turner, der sich wie andere Maler der romantischen Periode intensiv mit Licht und Atmosphäre auseinandersetzte, schuf 1844 sein bekanntes Schlossgemälde.

Oben eine Ansicht des Schlosses von Louis Charles François de Graimberg, (30. Juli 1774, † 10. November 1864). Linke Seite die Schlossruine, gemalt von Carl Anton Joseph Rottmann (* 11. Januar 1797, † 7. Juli 1850).*

*Über **die Heidelberger Maler der Romantik,** Fohr, Fries und Rottmann, informiert das Kurpfälzische Museum[1] in einer eigenen Abteilung.*

***Kurpfälzisches Museum**[1]*
Hauptstraße 97
www.museum-heidelberg.de

Hölderlin, Goethe und Twain

Viele Künstler, Philosophen und Professoren besuchten HEIDELBERG, spazierten über den **Philosophenweg**[22] am HEILIGENBERG und genossen jenes erhabene Gefühl, das sich beim Blick über die Stadt einstellt. Im Jahr 1800 erschien FRIEDRICH HÖLDERLINS *»Ode an Heidelberg«* (Text rechts).

»Die Stadt in ihrer Lage und mit ihrer ganzen Umgebung hat, man darf sagen, etwas Ideales.« schreibt GOETHE, der insgesamt acht Mal HEIDELBERG besuchte. 1815 war er zu Gast im **Palais**[23] der Brüder BOISSERÉE, die eine beträchtliche Kunstsammlung besaßen. GOETHE verliebte sich unglücklich in die mit einem Bankier verheiratete MARIANNE VON WILLEMER. Er arbeitete an seinem west-östlichen Diwan und widmete MARIANNE einige Gedichte mit erotischen Anspielungen.

Ein weiterer bedeutender Schriftsteller, MARK TWAIN, beschrieb 1878 die Stadt humorvoll in *Ein Bummel durch Europa (A Tramp Abroad)*. Eigentlich hatte er nur einen Tag in HEIDELBERG verbringen wollen, doch die Stadt faszinierte ihn dermaßen, dass er drei Monate blieb – wobei er mit seiner Familie zeitweise im damaligen Schlosshotel logierte. HEIDELBERG inspirierte TWAIN so sehr, dass er hier seine Schreibblockade überwand und *Huckleberry Finn* vollendete. Seine begeisterten Worte über das nächtliche HEIDELBERG:

»Es war, als ob all die Diamanten dieser Welt dort verteilt worden wären.«

*Das **Goethe Denkmal** im Schlossgarten.*

*Rechts: Blick vom **Philosophenweg**[22] auf die **Alte Brücke**[18] und das **Schloss**[4].*

*Am Ende des Philosophenweges sind Teile der **Ode an Heidelberg** von FRIEDRICH HÖLDERLIN in Stein gemeißelt:*

Lange lieb' ich dich schon,
möchte dich, mir zur Lust,
Mutter nennen, und dir schenken
ein kunstlos Lied,
Du, der Vaterlandsstädte
Ländlichschönste, so viel ich sah.
Wie der Vogel des Walds
über die Gipfel fliegt,
Schwingt sich über den Strom,
wo er vorbei dir glänzt,
Leicht und kräftig die Brücke,
Die von Wagen und Menschen tönt…

*Die **Kunstsammlung der Brüder Boisserée** bildete den Grundstock der heutigen ALTEN PINAKOTHEK in MÜNCHEN.*

1840

Beginn von Industrialisierung und Tourismus

Während der Industrialisierung im 19. Jahrhundert blieb die Wirtschaft in HEIDELBERG weiterhin landwirtschaftlich geprägt, die Entstehung namhafter Industriebetriebe wie beispielsweise HEIDELBERGER DRUCKMASCHINEN, HEIDELBERGCEMENT (ursprünglich Portland-Cement-Werk Heidelberg) oder WAGGONFABRIK FUCHS bildeten Ausnahmen.

Dafür hatte man schon früh den Wert der Landschaft und ihrer Bedeutung für den Tourismus erkannt, der in dieser Zeit seine Anfänge nahm und der einen enormen Aufschwung durch den Anschluss an das Eisenbahnnetz bekam: Die Verbindung HEIDELBERG-MANNHEIM der badischen Hauptbahn wurde 1840 eröffnet, 1843 folgte die Verbindung nach KARLSRUHE und 1862 die *Odenwaldbahn*.

Die Präsenz der Universität war vor allem für das Verlags- und Druckereiwesen der Stadt HEIDELBERG von Bedeutung, das davon erheblich profitierte.

Mit der Gründerzeit begann in HEIDELBERG eine rasante Expansion, während der das Stadtgebiet durch zahlreiche Eingemeindungen vergrößert wurde und die Einwohnerzahl Heidelbergs sich von 20.000 im Jahr 1871 auf 85.000 im Jahr 1933 mehr als vervierfachte. Zugleich wurde die Infrastruktur ausgebaut: 1885 mit der Einführung der Straßenbahn und 1890 mit der **Bergbahn**[24] sowie 1929 mit der Kanalisierung des Neckars.

1890 wurde die Eröffnung der Bergbahnstrecke von der Talstation ***Kornmarkt*** *über die Mittelstation am* ***Schloss*** *hinauf zur* ***Molkenkur*** *gefeiert. Die Bahn wurde mit Hilfe von Wasserballast betrieben und war eine der ersten Standseilbahnen Deutschlands. 1907 wurde die obere Strecke in Betrieb genommen, die die Passagiere bis zur Gipfelstation* ***Königstuhl*** *befördert – 550 Meter über dem Meeresspiegel und 430 Meter über dem Neckartal. Seit diesem Zeitpunkt wird die Bahn komplett elektrisch betrieben. Heute ist die untere Bahn bis zur* ***Molkenkur*** *vollständig renoviert und gilt bundesweit als eine der modernsten Bergbahnen, während im oberen Streckenabschnitt noch immer die historischen Holzwagen verkehren.*

www.bergbahn-heidelberg.de

1845

Der Studentenmythos

Seit dem Mittelalter hatte die Universität ihre eigene Gerichtsbarkeit. Um 1778 wurde der **Studentenkarzer[5]** in der Augustinergasse errichtet, in den Studenten zur Abbüßung von *Kavaliersdelikten* – nächtliches, zu lautes Singen oder das Ausüben feuchtfröhlicher Streiche, wie etwa dem Heraustreiben der Schweine – geschickt wurden.

Der Arrest dauerte je nach Urteilsspruch zwischen drei Tagen und vier Wochen. Allerdings durften die *Inhaftierten* weiterhin ihre Vorlesungen besuchen und nach ein paar Tagen sogar Damenbesuch empfangen. Viele vertrieben sich die Zeit damit, sich an den Karzerwänden mit ihren Portraits und Sprüchen zu verewigen. Jeder der sechs Räume wurde von den Studenten mit einer humorvollen Bezeichnung versehen, so beispielsweise *Solitude*, *Sanssouci*, *Palais Royal* oder *Villa Trall*. Die Gemeinschaftstoilette bekam den origenellen Namen *Thronsaal*.

Einen besonderen Stellenwert hatten die Studentenverbindungen, denen nahezu jeder zweite Student angehörte. Das studentische Millieu HEIDELBERGS wurde durch das Gedicht *Alt-Heidelberg, du feine* (später in der vertonten Version ein populäres Studentenlied) von JOSEPH VICTOR VON SCHEFFEL und das 1901 uraufgeführte Schauspiel *Alt-Heidelberg* berühmt und machte die Stadt zu einem Sinnbild des Studentenlebens im 19. Jahrhundert.

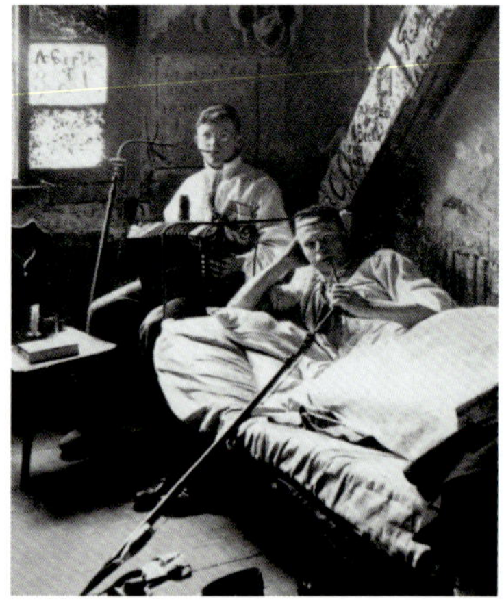

Studentenkarzer[5]:
Augustinergasse 2
Telefon 06221 – 54 35 93
www.uni-heidelberg.de
Unishop 06221 – 54 35 54

The Student Prince
Mit der Operette hat der amerikanische Komponist SIGMUND ROMBERG viel zum so genannten »Mythos« HEIDELBERGS in den USA beigetragen. Die Premiere war 1924 am Broadway – es war übrigens seinerzeit das dort am häufigsten gespielte Stück.
In der Verfilmung von 1954 sang kein Geringerer als der Star MARIO LANZA.

Alt-Heidelberg, du feine...

Alt-Heidelberg, du feine
Du Stadt an Ehren reich
Am Neckar und am Rheine
Kein andre kommt dir gleich
Stadt fröhlicher Gesellen
An Weisheit schwer und Wein
Klar ziehn des Stromes Wellen
|: Blauäuglein blitzen drein :|

Und kommt aus lindem Süden
Der Frühling übers Land,
So webt er dir aus Blüten
Ein schimmernd Brautgewand.
Auch mir stehst du geschrieben
Ins Herz gleich einer Braut,
Es klingt wie junges Lieben
|: Dein Name mir so traut. :|

Alt Heidelberg du feine
Du Stadt an Ehren reich
Am Neckar und am Rheine
Kein andre kommt dir gleich
Und stechen mich die Dornen
Und wird mir's draus zu kahl
Geb ich dem Roß die Sporen
|: Und reit ins Neckartal :|

HOTEL
RESTAURANT
Schnookeloch
SHOP
Hassbecker's
Galerie & Buchhandlung
BIERGARTEN

1848

Die *Heidelberger Versammlung* als Anfang der Demokratie

Am 5. März 1848, 10 Tage nach der Ausrufung der Republik in Frankreich, trafen sich in HEIDELBERG im Gasthaus **Badischer Hof**[25] 51 süddeutsche Parlamentarier zur *Heidelberger Versammlung*.

Das wichtigste Ergebnis dieses Treffens war die Einsetzung eines *Siebenerausschusses*, der die Einladungen für das Vorparlament in FRANKFURT AM MAIN aussprach. Über diese Versammlung erschien ein Bericht in der *Deutschen Zeitung*. Für das liberale Bürgertum dieser Zeit war die ständige Information durch Zeitungen unerlässlich. Im Verlauf der Revolution wurde das Medium Zeitung sogar zur politischen Diskussion genutzt.

HEIDELBERG blieb von der ersten Phase der *Badischen Revolution*, dem *Heckeraufstand*, verschont. Durch das Verbot des demokratischen Studentenvereins Heidelbergs kam es zu Studentenprotesten. Nach dem Scheitern der *Frankfurter Nationalversammlung* erfasste der *Maiaufstand* ganz Baden. Die vom badischen Großherzog zur Hilfe gerufenen preußischen Truppen kämpften auch in HEIDELBERG gegen liberale Freischärler und schlugen den Aufstand am 23. Juli 1849 endgültig nieder.

Ölbild ***Zeitungslesende Bürger,*** *um 1850, Künstler unbekannt, Kurpfälzisches Museum*[1]

GEORG GOTTFRIED GERVINUS, einer der Göttinger Sieben, war 1847 Mitbegründer der DEUTSCHEN ZEITUNG, die er bis August 1847 in HEIDELBERG redigierte.

Die Bedeutung und die Macht des neuen Mediums Zeitung im Kampf um soziale Gleichheit und nationale Einheit zeigt das von einem unbekannten Maler stammende Genrebild. Hier informieren sich prominente Liberale in einem Lesekabinett hinter verschlossenen Türen über die revolutionären Ereignisse.

1903

Eine Stadthalle als Symbol des Wohlstands

Die **Stadthalle**[26] im historistischen Stil (Foto rechts und nächste Seite) wurde aus Anlass des hundertjährigen Jubiläums der Universitätsreform von 1803 als Versammlungs- und Festgebäude für die Bürgerschaft erbaut. Kern des Gebäudes ist der bis zu 1.250 Personen Platz bietende Festsaal mit einer Konzertorgel aus der Werkstatt VOIT. Zur Eröffnung hieß es *»So ist die Festhalle ein Wahrzeichen des Wohlstandes, Gedeihens und Glücklichseins Heidelbergs. Zu dem unvergleichlichen Schloss-Juwel hat sich eine neue, schöne Perle gefügt ...«*.

Ihre Südfassade zeigt Porträts Heidelberger Professoren und berühmter Komponisten, wie RICHARD WAGNER, WOLFGANG AMADEUS MOZART, JOHANN SEBASTIAN BACH, FRANZ LISZT und LUDWIG VAN BEETHOVEN. Ein kultureller Höhepunkt war 1929 die Eröffnung der *Heidelberger Festspiele*.

Nach dem Einmarsch der Amerikaner 1945 wurde das Gebäude als *Special Service Center* umfunktioniert. In den folgenden Jahren brachte der legendäre STARDUST CLUB jazzige Rhythmen an den Neckar. Den Amerikanern war es wichtig, dass die Räumlichkeiten auch der deutschen Bevölkerung zugänglich waren. Erst 1951 wurde das Gebäude der Stadt zurück gegeben: Ein Colonel wünschte den Heidelbergern *»viele vergnügte Stunden in Ihrer neuen Stadthalle«*, die nach einem Brand 1948 umgestaltet werden musste.

In der folgenden Zeit diente sie wieder für Fachtagungen sowie für kulturelle und gesellschaftliche Veranstaltungen.

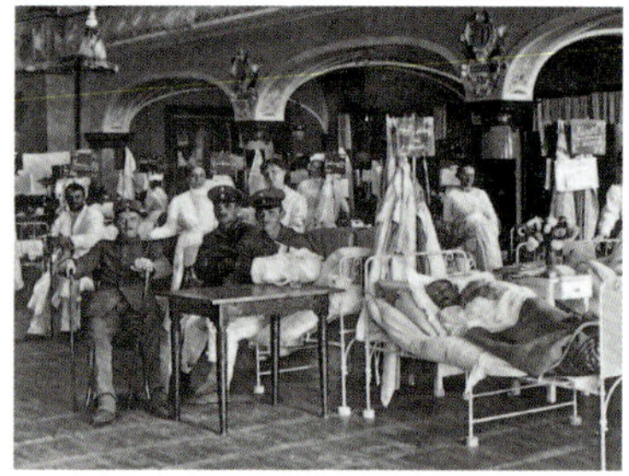

*Während des ersten Weltkriegs wurde die **Stadthalle**[26] als Lazarett und als Proviantlager genutzt. Später traten in dem Gebäude Größen wie ZARAH LEANDER auf.*

*Das heutige **Kongresshaus Stadthalle Heidelberg**[26] bietet einen Rundum-Service für Veranstaltungen.*
*Die Stadthalle ist auch Austragungsort für das jährlich stattfindende internationale Musikfestival **Heidelberger Frühling**. Dieses Festival stellt auf höchstem Niveau eine glanzvolle Bühne für Stars und Jungtalente.*
www.heidelberger-fruehling.de

STADTHALLE

GERMANIA

EUROPA
EUROPA
HEIDELBERG D

Reichspräsident-Friedrich-Ebert-Gedenkstätte[27]

Den Kern der Gedenkstätte bildet die kleine Wohnung, in der FRIEDRICH EBERT am 4. Februar 1871 zur Welt gekommen ist. Sie wird durch die ständige Ausstellung ***»Friedrich Ebert – sein Leben, sein Werk, seine Zeit«*** *ergänzt. Außerdem werden zusätzlich Sonderausstellungen und vielfältige Veranstaltungen präsentiert. Die Gedenkstätte beherbergt auch eine Bibliothek mit rund 7.000 Bänden und ein Archiv.*

1919

Ein Heidelberger wird erster Präsident der Weimarer Republik

Von der Novemberrevolution nach dem verlorenen *Ersten Weltkrieg* blieb HEIDELBERG weitgehend unberührt. In MANNHEIM und KARLSRUHE proklamierten Arbeiter- und Soldatenräte am 14. November 1918 die *Republik Baden*. Wenig später dankte Großherzog FRIEDRICH II. ab.

Zum ersten Präsidenten der *Weimarer Republik* wurde 1919 der Heidelberger FRIEDRICH EBERT: *»Ich gelobe, dass ich die Verfassung der Deutschen Republik getreulich beachten und schützen werde. Ich will und werde als der Beauftragte des ganzen deutschen Volkes handeln, nicht als Vormann einer einzigen Partei.«*
(Friedrich Ebert am 11. Februar 1919 nach seiner Wahl zum Reichspräsidenten)

Nach seinem Tod 1925 wurde EBERT unter großer Anteilnahme der Heidelberger Bevölkerung auf dem **Bergfriedhof** [h] in seiner Heimatstadt beigesetzt.

*Der **Heidelberger Bergfriedhof** [h], eingeweiht im Jahr 1844, ist konfessionsübergreifend und gilt als einer der schönsten Friedhöfe Deutschlands. Auf den Gräbern findet man eine Vielzahl bekannter Namen: CARL BOSCH, ROBERT BUNSEN, WILHELM FURTWÄNGLER, MAX WOLF, JOHANN HEINRICH VOSS, MARTIN DIBELIUS, FELIX WANKEL, GUSTAV RADBRUCH, MAX WEBER, ALFONS BEIL, HILDE DOMIN.*

Heidelberger Bergfriedhof [h]
Rohrbacher Straße

Reichspräsident-Friedrich-Ebert-Gedenkstätte [27]
Pfaffengasse 18
Telefon 06221 - 91070
www.ebert-gedenkstaette.de

1933

Von der Machtergreifung der NSDAP zur amerikanischen Besatzung

Schon zur Zeit der *Weimarer Republik* war die NSDAP in der Region vertreten. Nach ihrer Machtergreifung im Januar 1933 begann dann auch in HEIDELBERG die organisierte Diskriminierung von *Juden* und anderen *Nichtariern*. Durch die Zwangsbeurlaubung von *nichtarischen Beamten* im April 1933 verlor die Heidelberger Universität bis 1939 ein Drittel ihres Lehrkörpers. Die Widmung der Portalfigur am Gebäude der **Neuen Universität**[28] wurde von *Dem lebendigen Geist* in *Dem deutschen Geist* geändert und die Portalsfigur der PALLAS ATHENE durch den Reichsadler ersetzt.

1935 wurde vom nationalsozialistischen Reichsarbeitsdienst eine so genannte **Thingstätte**[i], eine Freilichtbühne im Stil eines griechischen Theaters, auf dem HEILIGENBERG erbaut und von JOSEPH GOEBBELS eingeweiht. Sie war vor allem als Propagandaplattform gedacht.

HEIDELBERG überstand den *Zweiten Weltkrieg* ohne größere Schäden und zog deshalb nach Kriegsende viele Vertriebene an. Nur die mittleren Bögen der *Alten Brücke* war in den letzten Kriegstagen von der deutschen Wehrmacht selbst gesprengt worden, um den amerikanischen Truppen den Übergang zu verwehren, die dann am 30. März 1945 in die Stadt einmarschierten, ohne auf nennenswerten Widerstand zu treffen. HEIDELBERG wurde Teil der amerikanischen Besatzungszone und Standort hoher Kommandostellen der US-Armee und der NATO.

Die RUPRECHT-KARLS-UNIVERSITÄT nahm im Januar 1946 als erste westdeutsche Hochschule den Lehrbetrieb wieder auf.

Thingstätte*[i] *(Foto rechts)
Den Namen entlehnten die Nazis der Frühgeschichte: Nach einem Bericht des römischen Historikers TACITUS war »Thing« bei den alten Germanen die Bezeichnung einer Versammlung zur Abstimmung über Vorschläge ihrer Herrscher. Man erklärte die Bergkuppe zur Stätte eines altgermanischen Thing-Platzes. Auf dem Heiligenberg wurde aber nie die Existenz einer altgermanischen Versammlungsstätte nachgewiesen.

Heute

Internationale Wissenschafts- und Medizinstadt

Das **Universitätsklinikum Heidelberg** gehört zu den größten und renommiertesten medizinischen Zentren Deutschlands. In mehr als 50 klinischen Fachabteilungen mit ca. 2.200 Betten werden jährlich rund 118.000 Patienten voll- bzw. teilstationär sowie rund 1.000.000 Patienten ambulant behandelt. Der **Neubau Chirurgie** ist überaus ambitioniert und ein Vorzeigemodell moderner Baukunst, der seit über drei Jahrzehnten geplant wurde. Die Klinik mit einem Hubschrauber Landeplatz auf dem Dach verkörpert den Status der Spitzenposition in Europa: Neueste Erkenntnisse über ideale Patientenversorgung wurden hier berücksichtigt mit einer herausragenden Infrastruktur, wie fortschrittlichste Operationssäle inklusive zweier Hybrid-OPs und intelligente Gebäudetechnik. Hier entsteht auf dem Heidelberger Campus Deutschlands modernste Chirurgische Klinik. Gleichzeitig wird die Kapazität in der Intensivmedizin auf fast hundert Betten erweitert.

Universitätsklinikum Heidelberg[j]
www.klinikum.uni-heidelberg.de

Das **Heidelberger Ionenstrahl-Therapiezentrum (HIT)** des Klinikums ist einzigartig in Europa. Die Ionenstrahl-Therapie dient zur Behandlung von inoperablen Schädelbasis- und Hirntumoren, Speicheldrüsenkarzinomen und Knochentumoren, die bislang als unheilbar galten.

Die **Orthopädie** im Stadtteil Schlierbach gehört ebenfalls zum Universitätsklinikum und ist die größte orthopädische Klinik in Deutschland sowie die zweitgrößte in Europa. Eine der ältesten und größten Lungenfachkliniken Europas ist die Heidelberger **Thoraxklinik**, die seit 2011 ebenfalls zum Universitätsklinikum gehört. Die **Kliniken Schmieder** Heidelberg, auf dem Speyererhof, genießen internationalen Ruf als neurologisches Fachkrankenhaus und als Vorreiter in der neurologischen Rehabilitation.

Thorax-Klinik
www.thoraxklinik-heidelberg.de
Schmieder Klinik
www.kliniken-schmieder.de

Stiftungen für medizinische Forschung und Einrichtungen

Ein prominenter Unterstützer von Medizin und Forschung in Heidelberg ist Dietmar Hopp, einer der fünf Gründer der SAP SE. Die **Dietmar Hopp Stiftung** wurde 1995 gegründet, um die Umsetzung gemeinnütziger Projekte zu ermöglichen. Seitdem hat die Stiftung, die zu den größten Privatstiftungen Europas zählt, rund 640 Millionen Euro ausgeschüttet (Stand: März 2018). Der Fokus der Aktivitäten liegt auf Sport, Medizin, Soziales und Bildung.

Dietmar Hopp Stiftung
www.dietmar-hopp-stiftung.de

Beim Schwerpunkt Medizin werden Forschungsprojekte auf höchstem Niveau z. B. aus den Bereichen Kinderheilkunde, Krebsforschung und psychosozialer Medizin gefördert. Die Dietmar Hopp Stiftung spendet u. a. mit 20 Millionen Euro rund die Hälfte der Bausumme für das **Hopp-Kindertumorzentrum am NCT Heidelberg (KiTZ)**.

www.kitz-heidelberg.de

Auch Manfred Lautenschläger, ehemaliger Inhaber der MLP AG, fördert durch sein Engagement in starkem Ausmaß – neben weiteren Bereichen – den medizinischen Fortschritt in Heidelberg. Durch die Unterstützung seiner **Manfred Lautenschläger-Stiftung** wurde z. B. der Bau der neuen Kinder- und Frauenklinik des Universitätsklinikums (s. Foto) ermöglicht. Ein weiteres Anliegen der Manfred Lautenschläger-Stiftung ist es, Wissenschaftler bei ihren Forschungsvorhaben durch gezielte Fördergelder zu unterstützen.

Manfred Lautenschläger-Stiftung
www.manfred-lautenschlaeger-stiftung.de

Weitere renommierte Stiftungen am Universitätsklinikum sind die **Freunde und Förderer der Kardiologie Heidelberg e.V.**, die **Stiftung Chirurgie** und die **European Foundation of Urology**.

www.foerderkreis-kardiologie.de
www.stiftung-chirurgie.de
www.efu-heidelberg.de

Medizinische Forschung und Versorgung auf höchstem Niveau

Im **Nationalen Centrum für Tumorerkrankungen (NCT) Heidelberg** sind interdisziplinäre medizinische Patientenversorgung und innovative Krebsforschung eng miteinander verzahnt. Erfolgversprechende Forschungsergebnisse können somit umgehend in die klinische Praxis übertragen werden. Das NCT wird getragen vom Universitätsklinikum Heidelberg, der Thoraxklinik Heidelberg, dem Deutschen Krebsforschungszentrum (DKFZ) und der Deutschen Krebshilfe.

www.nct-heidelberg.de

Spitzenmedizin mit Spitzenservice – mit diesem Konzept macht sich die **ATOS Klinik** Heidelberg im Bereich der Orthopädie und Unfallchirurgie seit 20 Jahren national und international einen Namen. In zahlreichen Facharztpraxen stehen exzellente Mediziner mit angrenzenden Fachbereichen sowohl ambulant als auch stationär für eine interdisziplinäre Versorgung zur Verfügung.

www.atos.de

Das **Ethianum** im aufstrebenden Stadtteil Bergheim zählt zu den modernsten Privatkliniken Europas. Es verbindet plastisch-rekonstruktive, ästhetische Chirurgie sowie Prävention mit medizinischer Forschung. Die Klinik kooperiert mit der Heidelberger Universitätsklinik.

www.ethianum-klinik-heidelberg.de

Das **Deutsche Krebsforschungszentrum (DKFZ)** ist die größte biomedizinische Forschungseinrichtung in Deutschland. Seine rund 3.000 Mitarbeiter erforschen in über 90 Abteilungen und Nachwuchsgruppen wie Krebs entsteht und welche Faktoren das Krebsrisiko beeinflussen. Auf der Grundlage dieser Ergebnisse entwickeln sie neue Ansätze in der Vorbeugung, Diagnose und Therapie von Krebs.

www.dkfz.de

dkfz.

Heidelberg als Standort für internationale Forschung und Wissenschaft

Forschung und Wissenschaft haben in Heidelberg nicht nur Tradition, sondern gleichfalls Zukunft: Die Max-Planck-Gesellschaft zur Förderung der Wissenschaften e.V. ist in Heidelberg mit vier **Max-Planck-Instituten** in den Bereichen medizinische Forschung, Astronomie (Foto rechts), Kernphysik und ausländisches öffentliches Recht und Völkerrecht vertreten.

Das **European Institute for Research and Strategic Studies in Telecommunication (EURESCOM)** koordiniert Forschungsprojekte im Rahmen der europäischen Telekommunikation.

Bedeutende Impulse aus den Disziplinen Biotechnologie, Medizintechnik sowie Informations- und Kommunikationstechnologie, Umweltwirtschaft und Umwelttechnik kommen aus dem **Technologiepark Heidelberg**. Seit 1984 unterstützt er Gründer und innovative Unternehmen im Sinne nachhaltigen Wachstums. Mit insgesamt 5 Standorten und mittlerweile 80.000 m² Labor- und Büro-Fläche zählt er zu den einflussreichsten Biotechnologie-Standorten Europas und erleichtert die Ansiedlung neuer Hochtechnologie-Unternehmen.

Der im Technologiepark ansässige Verein **BioRN Network e.V.** hat sich die Entwicklung der Region zu einem der großen Life-Sciences-Standorte in Europa zum Ziel gesetzt. Mitglieder und Unterstützer dieses Vorhabens sind Forschungseinrichtungen wie die Universität Heidelberg, das Deutsche Krebsforschungszentrum (DKFZ) und das European Molecular Biology Laboratory (EMBL), daneben Großunternehmen wie Roche Diagnostics, BASF, Merck und AbbVie, Biotech-Unternehmen und Dienstleister sowie Kommunen und Verbände.

Vier Max-Planck-Institute

- *medizinische Forschung: www.mpimf-heidelberg.mpg.de*
- *Astronomie: www.mpia.de*
- *Kernphysik: www.mpi-hd.mpg.de*
- *ausländisches öffentliches Recht und Völkerrecht: www.mpil.de*

EURESCOM
www.eurescom.eu

Technologiepark Heidelberg
www.technologiepark-heidelberg.de

BioRN Network e.V.
www.biorn.org

Spektakuläre Bauten geben High-Tech-Forschung passenden Raum

Das internationale **European Molecular Biology Laboratory (EMBL)** betreibt Grundlagenforschung im Bereich der Molekularbiologie. Mit dem **Advanced Training Centre (ATC)** des EMBL gewann der Wissenschaftsstandort Heidelberg noch mehr an Bedeutung, da ein zentrales europäisches Podium für wissenschaftlichen Austausch geschaffen wurde. Das Gebäude nimmt bis zu 10.000 Kurs- und Konferenzteilnehmer aus dem In- und Ausland pro Jahr auf. Für die Ausbildung des wissenschaftlichen Nachwuchses stehen moderne Lernlabore und Computerräume zur Verfügung.

Die Architektur des Gebäudes ist der Doppelhelix, dem Träger der Erbinformation DNA, nachempfunden. Eine spektakuläre Rooftop Lounge mit Blick in die Rheinebene lässt Inspirationen freien Raum und bietet ein besonderes Ambiente für Empfänge.

Der Bau ist unter anderem dem Heidelberger Stifter Klaus Tschira zu verdanken, der sich mit seiner Stiftung in vielen Projekten für die Förderung von Naturwissenschaften engagiert. Klaus Tschira wurde 1999 mit dem Deutschen Stifterpreis für sein Engagement ausgezeichnet. Er gründete das **EML (European Media Lab)**, das heute seinen Sitz in der benachbarten Villa Reiner hat, und das **HITS (Heidelberger Institut für Theoretische Studien)**. Aus dem EML gingen mehrere Ausgründungen hervor.

Ebenso baute die **Klaus Tschira Stiftung** auf dem Königstuhl das aufsehenerregende **Haus der Astronomie** – in Form einer Spiralgalaxie. Mit dem Haus der Astronomie trägt die Max-Planck-Gesellschaft die Faszination der Astronomie in die Öffentlichkeit und in die Schulen, fördert den Austausch der Wissenschaftler untereinander und macht astronomische Forschungsergebnisse zugänglich.

EMBL: *www.embl.de*
Telefon 06221 3870

EML: *www.eml.org*

Haus der Astronomie:
www.haus-der-astronomie.de

Klaus Tschira Stiftung
www.klaus-tschira-stiftung.de

Universität Heidelberg.
Zukunft. Seit 1386.

2016 feierte die **Ruprecht-Karls-Universität** ihr 630-jähriges Bestehen. Sie umfasst mit 12 Fakultäten, über 160 Studiengängen, 22 Sonderforschungsbereichen, 10 Graduiertenkollegs sowie zahlreichen Forschungsverbünden mit außeruniversitären Einrichtungen und Projekten in Kooperation mit der Heidelberger Akademie der Wissenschaften das gesamte Spektrum der klassischen universitären Wissenschaften. Sie genießt als Volluniversität weltweit einen außerordentlich guten Ruf. 2007 und 2012 erhielt sie den Status als Exzellenzuniversität. Heute studieren hier über 30.000 junge Menschen, davon rund 5.800 internationale Studierende. Bereits 1962 eröffnete die Universität eine Außenstelle des Südasien-Instituts in Neu Delhi, mit dem Heidelberg Center Lateinamerika entstand 2002 eine lateinamerikanische Außenrepräsentanz.

Die **Ruperto Carola** bestätigt ihre Spitzenposition unter den besten Universitäten Deutschlands und kann sich auch im weltweiten Vergleich mit starken Platzierungen behaupten: Sie ist in allen drei maßgeblichen internationalen Rankings unter den Top drei der deutschen Universitäten vertreten. Besonders erfolgreich schneidet die Universität Heidelberg im **Academic Ranking of World Universities** 2017, dem sogenannten Shanghai-Ranking, ab. Dort ist sie im deutschlandweiten Vergleich die beste deutsche Hochschule – nach 2014, 2015 und 2016 zum vierten Mal in Folge. International zählt sie – neben einer Top-100-Platzierung – zweimal zu den 50 besten Hochschulen der Welt.

Elf Heidelberger Professoren haben den Nobelpreis erhalten – zuletzt im Jahr 2014 PROFESSOR DOKTOR STEFAN W. HELL den Nobelpreis für Chemie für seine Arbeiten zur Entwicklung der superauflösenden Fluoreszenzmikroskopie.

Ruprecht-Karls-Universität Heidelberg
www.uni-heidelberg.de

Die weltbekannte Liederhandschrift Codex Manesse

MUSEUM
MUSEUM

Bahnstadt –
Heidelbergs innovativster Stadtteil

Heidelberg hat seinen 15. Stadtteil bekommen, in dem Wohnungen, Büros, Forschungseinrichtungen und Geschäfte angesiedelt sind. Da die 116 Hektar große Fläche auf dem ehemaligen Rangier- und Güterbahnhof zwischen den Stadtteilen Weststadt, Bergheim und Pfaffengrund liegt, heißt das Areal **Bahnstadt**.

Mit ihrem Klimaschutz-Engagement ist die Stadt Heidelberg europaweit Spitzenreiter, wobei die Bahnstadt in diesem Zusammenhang eine Vorreiterrolle übernimmt. Auf dem weltweit größten Stadtteil mit energiearmen Passivhäusern werden in den nächsten Jahren bis zu 6.800 Menschen wohnen und bis zu 6.000 Menschen arbeiten.

Außerdem ist hier der **Campus Bahnstadt** entstanden, der Raum schafft für zukunftsweisende Forschungseinrichtungen, wissenschaftsnahe Unternehmen und einen Technologiepark. Der amerikanische Unternehmer Doktor Henry Jarecki – durch sein Medizinstudium in Heidelberg der Stadt sehr verbunden - brachte sich mit 60 Millionen Dollar Stiftungskapital ein. Seinem Engagement ist es zu verdanken, dass in den futuristischen Gebäuden **SkyLabs** und **SkyAngle** forschungsnahe Unternehmen die Chance erhalten, eine kreative Verbindung zwischen Wissenschaft und Wirtschaft zu schaffen.

Der **Technologiepark** ist die Keimzelle des Campus Bahnstadt. Im Biopark Czernyring sind vier produzierende Firmen ansässig. In direkter Nachbarschaft arbeitet die InnovationLab GmbH an organischen Photovoltaikelementen und OLEDs.

www.innovationlab.de

rechts: www.sky-labs.de

Austragungsort für internationale Kongresse und Tagungen

Heidelberg ist als internationaler Tagungs- und Kongressstandort weltweit sehr beliebt. Nicht nur die gute Anbindung zum Frankfurter Flughafen, sondern auch die anregende Atmosphäre rund um die Heidelberger Universität und die vielen wissenschaftlichen Einrichtungen überzeugen Unternehmen und Wissenschaftler, die die Stadt stets gerne zum Treffpunkt für ihre Konferenzen wählen.

Tagte man seit 1903 in alt ehrwürdigem Rahmen direkt am Fluss Neckar in dem historischen **Kongresshaus Stadthalle**, so tun sich bald viel modernere Dimensionen und neuartige Räume für den geistigen sowie den gesellschaftlichen Austausch auf: In dem jüngsten Stadtteil Bahnstadt entsteht ab 2021 ein neues Konferenzzentrum, das durch klare Ästhetik und Funktionalität besticht.

Der große Saal mit einer bis zu 15 Meter hohen, zur Bühne hin abfallenden Decke wird über 1.800 Sitzplätze in Reihenbestuhlung verfügen. Der kleine Saal ist mit 800 Sitzplätzen in Reihenbestuhlung geplant. Zusätzlich wird das Konferenzzentrum weitere 15 Säle für 30 bis 350 Personen bieten. Vorgesehen ist ein öffentliches gastronomisches Angebot mit Außenbewirtschaftung. Wie alle Gebäude in der Bahnstadt ist auch das Konferenzzentrum in der Passivhaus-Bauweise konstruiert.

Die historische Stadthalle wird in etwa zeitgleich sensibel zu einem hochwertigen Konzert- und Festsaal renoviert, so dass zukünftig Tagungen im neuen Konferenzzentrum perfekt mit abendlichen Rahmenprogramm oder Musikdarbietungen kombiniert werden können.

www.heidelberg-marketing.de

Der Entwurf setzt sich stimmig mit dem städtebaulichen Umfeld auseinander, weist aber zugleich auch seinen ganz eigenen Charakter auf. Er bietet architektonisch eine große Strahlkraft mit einem interessanten Innenleben, das multifunktional genutzt werden kann.

Das Büro DEGELO Architekten aus Basel hat den ersten Preis beim Wettbewerb zur Gestaltung des neuen Konferenzzentrums gewonnen. Das Preisgericht wählte den Entwurf im Herbst 2017 aus 22 eingereichten Arbeiten aus.

Heidelberger Unternehmen
Innovation aus Tradition

Gleich zwei sehr bekannte Weltkonzerne tragen Heidelberg in ihrem Namen: Die **Heidelberger Druckmaschinen AG** und die **HeidelbergCement AG**. Auch die hochwertigen Design-Schreibgeräte des Familienunternehmens C. Josef Lamy GmbH sind in der ganzen Welt unter der Marke **LAMY** bekannt und mit zahlreichen Designpreisen ausgezeichnet. Neben diesen global aufgestellten Unternehmen gibt es weitere große, mittlere und kleine Heidelberger Unternehmen, die innovativ und überaus erfolgreich sind und dabei nationale oder internationale Spitzenpositionen einnehmen. Auch zukunftsgerichtete Start-ups machen auf sich aufmerksam und entwickeln sich rasant. Die Wirtschaft in Heidelberg ist gekennzeichnet durch einen ausgewogenen Branchenmix.

www.heidelberg.com
www.heidelbergcement.de
www.lamy.com

Seit 2015 existiert das Netzwerk **Industriekreis Heidelberg e.V.**, das sich insbesondere für die Standortsicherung und Stärkung der produzierenden Unternehmen und produktionsnahen Dienstleister einsetzt. Gemeinsam zählen sie am Standort Heidelberg 5.200 Beschäftigte.

www.heidelberger-industriekreis.de

Ein weiteres spannendes und traditionsreiches Unternehmen in einem völlig anderen Ressort ist die **SRH**: Sie ist eine private, gemeinnützige Stiftung des bürgerlichen Rechts mit Sitz in Heidelberg. Seit der Gründung 1966 setzt sie sich für die Weiterentwicklung des Bildungs- und Gesundheitswesens ein und betreibt mit 13.000 Mitarbeitern zahlreiche Krankenhäuser und Bildungseinrichtungen, darunter die SRH Hochschule Heidelberg im markanten blauen ScienceTower.

www.srh.de

Alle diese Unternehmen bekennen sich konsequent zum Standort Heidelberg und tragen mit ihrem Engagement und ihren Erfolgen auch den positiven Ruf Heidelbergs in die Welt hinaus.

LAMY

Deutsche Tradition und chinesischer Forscherdrang

Im **Emmertsgrund**, dem südlichsten Stadtteil Heidelbergs, entsteht hoch über der Rheinebene die Keimzelle für den neuen **Sino German Hi Tech Park**.

Investor Professor Doktor Sompo Chou hat dafür nicht irgendein Gebäude ausgewählt, sondern den höchsten Turm Heidelbergs. Das bisher im Volksmund als „Langer Manfred" bekannte, ehemalige Verwaltungsgebäude wird mit seinen 18 Etagen Anlaufstelle und Ausgangspunkt für chinesische Development Zones und Großunternehmen, die sich für den Sprung nach Heidelberg mit seiner traditionsreichen und weltweit führenden Forschung in den Bereichen Biotech und Life Sciences entscheiden.

Mit seiner repräsentativen Lobby bietet er den idealen Rahmen für informelle Treffen, während die beiden obersten Etagen für Meetings, Konferenzen und hochkarätige Abendveranstaltungen reserviert sind.

Ein eigenes Restaurant mit original chinesischer Küche hilft beim Eingewöhnen, während ein weitläufiges Netzwerk aus deutschen und internationalen Partnern schnell Synergieeffekte schafft.
Für Prof. Chou ist der **Tech Tower**, wie er den Turm neu getauft hat, aber nur der Anfang. Auf den Konversionsflächen der **Patton Barracks**, angrenzend an den neuen Stadtteil Bahnstadt, wird er ebenfalls mehrere Gebäude des **Sino German Hi Tech Parks** entwickeln. Hier können chinesische Forscher und Entwickler direkt mit Spezialisten aus ähnlichen oder sich ergänzenden Bereichen ins Gespräch kommen, woraus sich ganz natürlich neue Formen der Kooperation ergeben werden.

www.sg-hitech-park.com

Die Sino-German Business Federation will Brücken bauen zwischen China und Deutschland und eine Dialog Plattform für Unternehmen aus beiden Ländern sein. Ziel ist das Fördern der Kontakte zwischen Wirtschaft, Wissenschaft, Gesellschaft und Regierungen.

Partnerstädte mit viel Geschichte und großen Visionen

Heidelberg hat sieben Partnerstädte: **Montpellier** in Frankreich (seit 1961), **Cambridge** in Großbritannien (seit 1965), **Rehovot** in Israel (seit 1983), **Bautzen** in Deutschland (seit 1991), **Simferopol** auf der Halbinsel Krim (seit 1991), **Kumamoto** in Japan (seit 1992) und **Palo Alto** in den USA (seit 2017).

Heidelbergs Oberbürgermeister Professor Doktor Eckart Würzner betonte beim Festakt der Vertragsunterzeichnung mit Palo Alto, dass beide Städte auf ihrem Weg in die Zukunft viel voneinander lernen können. Beide sind wissenschaftlich geprägt, verfügen über innovative Unternehmen und Forschungseinrichtungen und arbeiten stark an ihrer Weiterentwicklung für die Zukunft im Sinne einer Smart City, einer intelligent vernetzten Stadt. Palo Alto liegt etwa 50 Kilometer südlich von San Francisco. Die international renommierte **Stanford Universität** ist dort angesiedelt ebenso wie international bekannte Forschungseinrichtungen wie das **Palo Alto Research Center** und das **Foresight Institute**. Die Stadt ist zudem Hauptsitz zahlreicher Unternehmen aus dem IT-Bereich wie Hewlett Packard und Tesla.

Hangzhou wird Partnerstadt Nummer acht werden. Die Stadt befindet sich im Norden der Provinz Zhejiang, eine der kleinsten, aber zugleich wohlhabendsten Provinzen Chinas. Hangzhou hat rund neun Millionen Einwohner und ist Sitz großer Unternehmen, zum Beispiel Alibaba, Wissenschaftseinrichtungen und Technologieparks sowie Universitäten. Zudem ist die Stadt durch ihre kulturelle Vielfalt ein touristisches Highlight.

www.heidelberg.de

www.montpellier.fr

www.cambridge.gov.uk

www.rehovotisrael.com

www.bautzen.de

www.kumamoto-guide.jp

www.cityofpaloalto.org

ANTÍK

Bildnachweis

Andrew Cowin: Titelfoto, Fotos Seite 7, 14, 15, 18/19, 21, 22, 23 unten, 24/25, 26, 27, 28, 29, 30/31, 32, 35, 36, 37, 38, 39 rechts, 40, 41, 42/43, 45, 46, 47, 49, 50/51, 52, 53 (2), 55, 56/57, 59, 61, 62/63, 65, 69 unten, 70/71, 72 (2), 73, 74, 75, 76/77, 78, 79, 80/81, 84, 85, 86/87, 90/91, 93, 94, 97, 98/99, 100, 101, 102/103, 105, 106/107, 109, 111, 119, 121, 129, 130

Atos Klinik: Foto Seite 112

Eike Becker Architekten: Foto Seite 120

Christian Buck: Fotos Seite 120/121

Swen Carlin: Haus der Astronomie, Seite 116, © www.swencarlin.com

Vera Cornelius: Foto Seite 17

DKFZ: Foto Seite 113

DEGELO Architekten: Fotos Seite 122/123

EMBL: Fotos Seite 116/117

Entermedia UG, Heidelberg: Foto Seite 127

Ethianum: Foto Seite 112

Geologisches Institut, Universität Heidelberg: Foto Seite 6

Heidelberg Marketing, Uli Hillenbrand: Foto Seite 97

Heidelberger Stadtarchiv: Fotos Seite 93 und Seite 96

Heidelberger Straßen- und Bergbahn AG: Fotos Seite 88/89

Kurpfälzisches Museum:
Umschlag Rückseite, Abbildungen Seite 4/5, 12/13, 8, 10, 11, 16, 44, 48, 54, 60, 64, 66, 69 oben, 82, 83, 95

Max-Planck-Institut für Astronomie: Foto Seite 113, MPIA/Axel M. Quetz, Walter Rauh

Medien Zentrum Universitätsklinikum Heidelberg: Foto Seite 109

National Center for Tumor Diseases Heidelberg: Foto Seite 112

pixellab: Foto Seite 120

Dietrich Rothacher, archaeoskop, Freiburg: Illustration Seite 12/13

Ariane Rudolph, 745 Agentur für Gestaltung, Düsseldorf:
Umschlag Innenseite vorne, Karte Schloss

Tim Schuster: Illustrationen Seite 6, 29, 41, 49, 55, 58, 59, 79

Friedhelm Schwegler, Ing.-Büro für Kartografie, Spechbach:
Umschlag Innenseite vorne, Karte Heidelberg;
Umschlag Innenseite hinten, Karte Heidelberg Altstadt

Skylabs Development & Construction GmbH: Seite 120/121

Universitätsklinikum Heidelberg: Foto Seite 109

Technologiepark Heidelberg: Foto Seite 112

Universität Heidelberg – Kommunikation und Marketing: Seite 119

Universität Heidelberg – Universitätsbibliothek:
Abbildungen Seite 33 Unisiegel und Codex Manesse, 68, 118 (2)

Impressum

Herausgeber:
© abcverlag GmbH,
Waldhofer Str. 19 · 69123 Heidelberg
www.abcverlag.de
ISBN 978-3-938833-15-5

Erstauflage: 2007
Zweite Auflage: 2013
Neuauflage: 2018

Die Idee zum Buch:
Vera Cornelius,
www.heidelberg-consult.de,
www. heidelberg-vip-tours.de

Andrew Cowin
http://www.andrew-cowin.com

Winfried Rothermel

Konzeption und Gestaltung:
Anja Patricia Helm,
Vera Cornelius

Text:
Vera Cornelius,
Anja Patricia Helm

Fotografie:
Andrew Cowin

Illustration (Folien, Rekonstruktionen):
Tim Schuster,
Kommunikationsdesign, Darmstadt

Druck:
abcdruck GmbH,
Waldhofer Str. 19 · 69123 Heidelberg
www.abcdruck.de
Gedruckt auf Heidelberger Speedmaster

www.faszination-heidelberg. de

Heidelberg Altstadt

1 Kurpfälzisches Museum

2 St. Peterskirche

3 Hexenturm

4 Schloss (siehe auch Karte vorne)

5 Alte Universität
Alte Aula
Universitätsmuseum
Studentenkarzer

6 Universitätsbibliothek

7 Heiliggeistkirche

8 Altes Zeughaus/Marstall, Antikenmuseum und Abguss-Sammlung des Instituts für klassische Archäologie der Universität, Ägyptologisches Museum

9 Martin-Luther-Gedenktafel

10 Hortus Palatinus

11 Historischer Pfad

12 Haus *»Zum Ritter«*

13 Rathaus

14 Palais Morass (*Kurpfälzisches Museum*)

15 Jesuitenkirche, Museum für Sakrale Kunst und Liturgie

16 Mariensäule am Kornmarkt

17 Karlstor

18 Alte Brücke
(*Karl-Theodor-Brücke*)

19 Brückentor

20 Brückenaffe

21 Ehrenstatue Karl-Theodor

22 Philosophenweg,
Beginn Heiligenberg Tour

23 Palais Boisserée

24 Bergbahn

25 Gasthaus Badischer Hof

26 Kongresshaus Stadthalle

27 Friedrich-Ebert-Gedenkstätte

28 Neue Universität